엄마는 정말 내 말을 안 들어 줘!

초판 1쇄 발행 2014년 1월 25일
초판 3쇄 발행 2024년 4월 1일

지은이 한화주
펴낸이 이지은 **펴낸곳** 팜파스
책임편집 박선희
디자인 조성미 **마케팅** 정우룡

출판등록 2002년 12월 30일 제 10-2536호
주소 서울시 마포구 서교동 404-26 팜파스빌딩 2층
대표전화 02-335-3681 **팩스** 02-335-3743
홈페이지 www.pampasbook.com | blog.naver.com/pampasbook
이메일 pampas@pampasbook.com

값 12,000원
ISBN 978-89-98537-38-8 (73810)

ⓒ 2014, 한화주

· 이 책의 일부 내용을 인용하거나 발췌하려면 반드시 저작권자의 동의를 얻어야 합니다.
· 잘못된 책은 바꿔 드립니다.

이 도서의 국립중앙도서관 출판시도서목록(CIP)은 서지정보유통지원시스템 홈페이지(http://seoji.nl.go.kr)와 국가자료공동목록시스템(http://www.nl.go.kr/kolisnet)에서 이용하실 수 있습니다.(CIP제어번호: CIP2014000350)

부모님과 갈등으로 힘겨운
어린이들을 위한 소통과 사랑 이야기!

"진짜 우리 엄마, 아빠 맞아?"

엄마는 정말 내 말을 안 들어 줘!

한화주 지음 | 최해영 그림

팜파스

어린이 친구들에게

　여러분은 어떤 고민이 있나요? 성적 때문에 고민이라고요? 음. 친구 때문에 고민인 친구도 있군요. 아! 외모 때문에 고민인 친구도 있네요. 그럼 혹시 '부모님과의 갈등' 때문에 고민하는 친구들은 없나요? 역시 많이 있군요. 여기저기서 "저요!", "저요!" 하는 소리가 들리는 걸 보면 말이에요.

　"저요!"를 외친 친구들은 제 이야기에 더욱 귀를 기울여 주세요. 아니다! 이건 책이니까 눈길을 좀 주세요. 이제부터 '부모님과의 갈등'에 관한 이야기를 들려줄 생각이거든요.

여러분은 지금 몸이 자라는 것처럼 생각도 쑥쑥 자라고 있어요. 전에는 당연하게 여겨지던 일이 문득 이상하게 생각되기도 할 거예요. 예전에는 엄마, 아빠 말이 무조건 옳은 것 같았는데, 지금은 그렇지 않다는 생각도 들 테지요.

그건 아주 당연하고 자연스러운 일이에요. 여러분은 어엿한 한 사람으로 성장하고 있고, 사람은 저마다 생각이 달라요. 그러니 같은 문제를 두고도 여러분과 부모님이 서로 다른 생각을 할 수도 있는 거예요.

문제는 이때부터예요. 생각의 차이가 생겼을 때요. 여러분과 부모님은 세상에서 가장 가깝고, 편하고, 사랑하는 사이예요. 그래서 대부분 진지하게 의견을 나누는 걸 아주 어색한 일로 생각하지요. 서로의 마음을 제대로 살피지 않은 채 다 알고 있다고 믿기도 하고요. 그러다 보니 오해와 갈등이 생겨나는 거예요.

'다른 사람도 아니고, 엄마와 아빠가 왜 내 마음을 몰라줄까? 너무해!'

이렇게 원망도 하면서요.

부모님과 갈등이 생기면 그 어떤 일이 생겼을 때보다 힘들어요. 세상에서 가장 가깝고, 편하고, 사랑하는 사람과 문제가 생

겼는데 왜 안 그렇겠어요. 학교에 가서도 내내 마음이 울적하고, 어떻게 해야 할지 몰라 한숨만 푹푹 나오지요.

  이제 책장을 넘기면 만나게 될 네 명의 친구들도 그랬답니다. 준호와 찬민이, 다영이와 지혜는 성격도 생각도 저마다 달라요. 하지만 한 가지 공통점을 갖고 있어요. 바로 부모님과 갈등을 겪고 있다는 거예요. 갈등이 심해서 부모님을 미워하기도 하고 집에 들어가기 싫다는 생각까지 하지요.

  네 친구가 어떤 문제 때문에 부모님과 갈등을 겪게 되었느냐고요? 그래서 어떻게 되었느냐고요? 그건 지금부터 책장을 넘기면 알 수 있을 거예요. 거기에는 꽤 긴 사연이 숨어 있거든요. 어쩌면 여러분과 같은 고민에 빠진 친구도 만날 수 있을 거예요. 그리고 그 친구들을 통해 여러분의 고민도 해결할 수 있었으면 좋겠군요.

한화주

차례

어린이 친구들에게 ♥ 5

엄마, 아빠는 왜 우리 생각은 안 하는데? ♥ 10

학원, 학습지와 숙제 가득한 집은 이제 싫어! ♥ 20

엄마, 아빠에게 폭탄을 터뜨리다! ♥ 31

잔소리는 지긋지긋해! ♥ 39

찬민이의 선전포고, 엄마랑 나랑 바꿔! ♥ 49

엄마도 잔소리하기가 힘들어 ♥ 61

썰렁한 집은 싫어! ♥ 73

엄마, 아빠의 다정한 관심이 필요해 ♥ 79

마음을 나누는 방법 ♥ 85

나를 아이 취급하지 말아 줘! ♥ 94

맨날 이 모든 게 사춘기 때문이래! ♥ 105

마음을 보는 안경 ♥ 113

엄마 아빠의 진심을 의심하지 말아 줘 ♥ 128

사춘기, 싱숭생숭한 내 마음 왜 이럴까? ♥ 133

엄마, 아빠는 왜 우리 생각은 안 하는데?

"오! 여기 끝내주는데!"

찬민이가 냉큼 신발을 벗고 정자로 올라갔다. 아파트 단지 내에는 아주 운치 있는 정자가 있는데 오늘은 그곳에서 찬민, 다영, 지혜, 준호가 모이기로 했다.

"정말! 우리가 모여 앉아 얘기하기에 딱 좋다."

"그래. 그러네."

다영이와 지혜도 마음에 드는지 한마디씩 했다. 마지막으로 이곳을 추천한 준호가 뿌듯한 얼굴로 친구들 곁에 자리를 잡았다.

푸른 초등학교 5학년 3반에 다니는 네 아이는 조금 전 사회 시간에 제비뽑기로 한 모둠이 되었다.

"모둠별로 우리 친구들이 안고 있는 고민을 조사하고, 그걸 해결할 방법도 찾아오세요."

선생님은 새로 모둠을 이룬 아이들에게 색다른 숙제를 내 주었다.

"이 숙제를 할 시간은 특별히 2주일을 주겠어요. 긴 시간 같지만, 어영부영하다 보면 후딱 지나갈 거예요. 그러니 미리미리 잘 의논해서 하도록!"

준호가 집 앞 놀이터에 있는 정자로 친구들을 데려온 것은 바로 이 숙제 때문이었다. 아파트 안에 있는 이 널찍한 정자는 네 아이가 둘러앉아 이야기를 나누기에 알맞은 장소다. 놀이터에서 뛰어노는 꼬마들의 웃음소리와, 곁에서 낙엽을 쓸어 모으는 경비 할아버지의 비질 소리가 기분 좋게 들려왔다.

"그냥 애들한테 뭐가 고민인지 물어보자!"

찬민이가 먼저 의견을 내놓았다.

"그러면 솔직하게 말하기 힘들잖아. 설문지를 만드는 게 더 나아."

찬민이의 말에 다영이도 의견을 냈다.

"귀찮게 그딴 걸 뭐 하러 만들어. 그냥 물어보면 되지."

"그게 뭐가 귀찮아? 오히려 말을 받아 적는 게 더 귀찮겠다."

"안 적고 기억하면 되잖아."

"어휴. 그게 말이 돼? 기억력도 별로면서."

"너 지금 내 기억력을 무시하는 거냐? 난 네가 1학년 때 콧구멍을 후비다 코피가 난 것도 기억한다고!"

"뭐라고? 코피가 나긴 했지만, 콧구멍을 후비다 그런 건 아니란 말이야!"

찬민이와 다영이는 의견이 엇갈리더니 급기야 티격태격 입씨름을 했다.

"그만해!"

지혜가 팔짱을 낀 채 무심하게 한마디 했다. 바로 그때였다.

"너 여기서 뭐 하니?"

목소리가 난 쪽으로 네 아이의 고개가 동시에 휙 돌아갔다.

"어! 엄마!"

준호가 자리에서 엉거주춤 일어났다. 목소리의 주인공은 준호 엄마였다. 친구들도 얼른 자리에서 일어나며 인사했다.

"안녕하세요?"

"그래. 반갑구나."

준호 엄마는 그다지 반갑지 않은 표정으로 짧게 대꾸했다. 그러고는 다시 준호를 다그쳤다.

"학원에 갈 시간이 다 됐는데 여기서 뭐 하고 있어?"

"모둠 애들이랑 숙제를 의논해야 해서."

"그걸 왜 하필 지금 해. 학원에 갈 시간에?"

준호 엄마의 목소리는 높지 않았지만, 확실히 준호를 나무라는 투였다.

"지금밖에 시간이 없으니까 그렇지. 아직 의논할 거 많아서 그러는데, 나 오늘만 학원 빠지면 안……."

"안 돼!"

준호의 말이 채 끝나기도 전에 준호 엄마가 딱 잘라 말했다. 친구들 앞에서 부탁을 단박에 거절당하자 준호의 얼굴이 순식간에 굳었다. 친구들은 심상치 않은 분위기에 눈치만 살피고 있었다. 준호 엄마는 '아차!' 싶었다.

"그 숙제를 당장 내일까지 해야 하는 거니?"

준호 엄마는 조금 부드러운 말투로 다시 물었다. 준호는 입을

꾹 다물고 고개만 휙 가로저었다. 그러자 다영이가 나서서 준호 대신 설명했다.

"급한 숙제는 아니에요. 아직 시간이 2주일 정도 남았어요."

"그래? 그럼 내일 학교에서 얘기하는 게 어떠니? 우리 준호가 학원에 갈 시간이 다 됐어."

"준호야. 넌 학원에 가라. 우리끼리 더 의논해 볼게."

"그래. 그게 좋겠다."

준호 엄마의 말에 찬민이와 지혜도 한마디씩 거들었다.

"미안하다. 내일 보자."

그러자 준호가 무뚝뚝한 목소리로 친구들에게 말했다. 준호는 엄마와 눈도 마주치지 않았다. 정자에서 내려온 준호는 가방을 거칠게 집어 들고 휘적휘적 걸어가 버렸다. 곧이어 준호 엄마도 아파트 안쪽으로 사라졌다.

준호와 준호 엄마가 떠나자 아이들은 다시 자리에 앉았다. 아

이들은 한참 동안 말이 없었다. 이윽고 다영이가 입을 뗐다.

"준호, 불쌍해……."

"맞아. 학원을 하루에 세 군데나 가는 건 심하지 않냐? 공부만 하다 죽으라는 거야, 뭐야!"

찬민이는 주먹으로 바닥을 쾅 내리치며 울분을 터뜨렸다.

"그래. 심해. 나도 학원에 다니지만, 준호는 너무 많이 다니는 것 같아. 공부도 잘하는데."

"내 말이 그 말이야. 공부도 잘하는데, 준호 부모님은 왜 그렇게 애를 괴롭히느냐고! 하루 정도는 안 갈 수도 있잖아."

"맞아! 하루쯤은 학원을 빠져도 괜찮지."

이번에는 찬민이와 다영이의 의견이 완전히 일치했다. 두 아이는 서로의 말에 맞장구를 치며 '준호네 부모님이 너무하다'고 입을 모았다. 지혜는 묵묵히 듣고만 있다가 입을 열었다.

"준호네 부모님만 그런 게 아니야. 어른들은 다 그래. 우리 생각은 조금도 안 한다고!"

그 말에 다영이와 찬민이는 저마다 자신과 가장 가까운 어른을 떠올렸다. 엄마, 아빠였다.

"그래. 우리 엄마, 아빠도 나랑 동생 생각은 안 해. 만약 우리

를 생각한다면 날마다 우리끼리만 집에 내버려 둘 리가 없지."

"맞아! 우리 엄마도 날 들들 볶아. 어찌나 잔소리를 하는지 귀가 따가워서 살 수가 없다니까!"

다영이와 찬민이는 지혜의 말에도 맞장구를 쳤다.

"거 봐. 어른들은 순 자기들 마음대로라고!"

지혜가 쐐기를 박듯 야무지게 말했다. 그런데 그 순간 다영이와 찬민이가 움찔했다. 두 아이는 지혜의 어깨너머를 흘깃거렸다. 지혜가 말하고 있을 때 어른, 바로 경비 할아버지가 비질을 멈췄기 때문이다. 다영이와 찬민이의 반응에 지혜가 고개를 돌려 뒤를 바라보았다. 경비 할아버지가 이쪽으로 다가오고 있었다. 경비 할아버지는 아마도 어른을 흉보는 아이들의 소리를 듣고, 꾸지람을 하려는 게 분명했다.

"어, 어떡해! 우리를 혼내려나 봐."

"쳇! 도망가야겠다."

다영이와 찬민이는 자라목이 되어 나직이 중얼거렸다. 반대로 지혜는 고개를 빳빳이 세우고 턱까지 치켜들었다.

'난 잘못한 거 없어! 내 말은 틀림없는 사실이니까!'

아니나 다를까 할아버지가 다가와 세 아이에게 말을 건넸다.

"고민이 많은 친구들이로구나!"

그런데 할아버지의 첫마디가 아이들의 예상과는 달랐다.

"무슨 말씀이세요?"

지혜가 눈을 치켜뜨며 되물었다.

"내가 너희의 마음을 한번 읽어 보랴?"

할아버지는 또 예상치 못한 말을 하고는 세 아이를 죽 훑어보았다. 할아버지의 눈길이 다영이에게 멈추었다.

"얘야. 넌 외롭지? 집으로 들어가는 게 꼭 외딴 섬으로 들어가는 기분일 거야."

다영이의 눈이 휘둥그레졌다. 이윽고 할아버지의 눈길이 찬민이에게로 넘어갔다.

"너는 짜증이 나지? 엄마는 왜 내가 하는 것마다 잘못됐다며 잔소리를 할까 싶고!"

할아버지의 말에 찬민이의 입이 딱 벌어졌다. 마지막으로 할아버지의 눈길이 지혜에게 머물렀다.

"음. 시도 때도 없이 화가 치밀지? 부모님이 네 일에 참견하는 게 못 견디게 싫구나. 가만 내버려 두면 좋을 텐데 말이야!"

할아버지가 말하자 지혜는 입술을 꼭 깨물었다. 세 아이는 할

아버지의 말과 똑같은 생각을 하고 있었다.

'저 할아버지가 어떻게 내 마음을 눈으로 보듯 읽어 냈지?'

아이들은 기가 막힐 노릇이었다. 다영이는 겁먹은 얼굴로 정자에서 슬금슬금 내려왔다.

"나, 나 집에 갈래. 우리 내일 이야기하자."

"앗! 나도 가야겠다. 먼저 간다!"

찬민이는 정자에서 뛰어내려 쏜살같이 달려가 버렸다. 지혜도 다영이의 손에 끌려 정자를 떠났다. 얼마쯤 걸어가던 지혜는 의심이 가득한 눈초리로 뒤를 돌아보았다. 경비 할아버지는 아무 일도 없었다는 표정으로 가을바람에 떨어진 낙엽을 쓸어 모으고 있었다.

학원, 학습지와 숙제 가득한 집은 이제 싫어!

학원 차에서 내린 준호는 터덜터덜 집으로 걸음을 내디뎠다. 어느새 까만 밤이 되었다. 준호는 얼른 들어가서 침대에 지친 몸을 뉘고 싶었다. 하지만 집으로 가는 준호의 걸음은 되레 자꾸만 느려졌다.

'집에 들어가면……. 학습지를 풀어야겠지? 숙제도 해야 하고.'

"후유!"

준호는 생각만 해도 한숨이 터져 나왔다. 더욱 답답한 것은 힘든 날이 앞으로도 계속될 거라는 사실이다.

'지금도 이렇게 힘든데 6학년이 되면 얼마나 더 힘들어질까? 그다음에 중학생이 되면? 또, 고등학생이 되면?'

그런 생각을 하자 가뜩이나 없는 기운이 쏙 빠져 버렸다. 어느 틈에 집 앞에 다다랐다. 하지만 준호는 집으로 들어가고 싶지 않았다. 준호는 놀이터 구석으로 향했다. 가로등 빛도 닿지 않는 어둑한 곳에 쪼그려 앉았다.

그 무렵, 준호 엄마는 시계를 보며 거실을 서성이고 있었다.

"얘가 올 시간이 지났는데 이상하네."

"곧 오겠지. 학원 수업이 늦게 끝났는지도 모르잖아."

준호 아빠가 불안해하는 엄마를 다독였다.

"아니에요. 학원에 전화해 봤더니 수업은 제시간에 끝났대. 아무래도 안 되겠어. 나가 봐야지."

"그래? 그럼 같이 가 봅시다."

준호의 엄마, 아빠는 아파트를 나와 큰길 쪽으로 빠르게 걸어갔다. 준호는 어둠 속에서 부모님의 모습을 빤히 지켜보고 있었다. 부모님이 자신을 찾아 나섰다는 것을 짐작으로 알았지만 준호는 자리에서 꼼짝도 하지 않았다.

'흥! 숙제 때문에 딱 하루만 학원에 빠지면 안 되느냐고 부탁

했는데, 그것도 안 된다고 해? 아빠도 똑같아! 내가 힘들다고 말해도 들은 척도 안 하고!'

준호는 엄마도, 아빠도 미웠다. 준호는 고개를 무릎 사이에 폭 파묻었다. 얼마나 지났을까?

"바스락! 바스락!"

준호의 바로 곁에서 낙엽 밟는 소리가 들려왔다. 준호는 슬며시 고개를 들었다. 그런데 코앞에 커다란 얼굴이 있는 게 아닌가!

"헉!"

"누군가 했더니, 준호로구나."

"아! 할아버지……."

준호는 놀란 가슴을 쓸어내렸다. 경비 할아버지였다. 준호는 경비 할아버지와 따로 긴 이야기를 나눈 적은 없지만, 몇 년째 날마다 마주치며 가벼운 인사말도 주고받았다. 할아버지는 인자한 표정으로 물었다.

"너 여기서 뭐 하는 게냐?"

"예? 뭐……. 그냥……."

준호가 대답을 망설이고 있는데 할아버지가 준호의 옆에 나란히 쪼그려 앉았다. 그러더니 할아버지는 불쑥 이렇게 말했다.

"힘들지? 공부도 학원도 지긋지긋하고. 집으로 들어가기도 싫고."

"앗! 그, 그걸 어떻게……."

준호는 조금 전보다 더욱 깜짝 놀랐다.

"허허. 다 아는 수가 있지."

할아버지는 껄껄 웃더니 은근한 목소리로 덧붙였다.

"실은 말이다. 나한테 마음을 보는 안경이 있거든."

"피! 말도 안 돼요."

그제야 준호는 피식 웃었다. 하지만 할아버지가 어떻게 자신의 마음을 알았는지 여전히 궁금했다.

"혹시 저쪽에서 우리 엄마, 아빠를 만나셨어요? 엄마, 아빠가 제가 집에 안 들어와서 찾으러 간다고 얘기했어요?"

"아니. 못 만났다. 근데 넌 엄마, 아빠가 찾는다는 걸 알면서도 여기 숨어 있는 게냐?"

'아뿔싸!'

준호는 괜한 소리를 했다고 생각했다.

'혹시 나중에 할아버지가 엄마, 아빠에게 이 일을 일러바치면 어쩌시?'

준호는 덜컥 걱정이 됐다. 바로 그 순간 할아버지의 온화한 목소리가 들렸다.

"걱정하지 마라. 네 부모님께는 비밀로 할 테니."

준호는 놀라서 뒤로 넘어갈 것 같았다.

"아, 아니. 내 마음을 어떻게……."

"아느냐고? 허허. 아까 말하지 않던? 난 마음을 보는 안경이 있다고!"

준호는 믿을 수 없다는 눈으로 할아버지가 쓴 안경을 살펴보았다. 아무리 봐도 보통 안경과 다를 게 없었다. 할아버지는 준호를 마주 보며 안경이 걸쳐진 넓적한 코를 찡긋했다. 꼭 짓궂은 장난꾸러기 같은 표정이었다.

"아, 진짜! 장난하지 마세요. 저 지금 그럴 기분이 아니란 말이에요."

"그렇겠지. 어디론가 멀리 도망치고 싶은 기분이겠지."

준호는 더는 어떻게 알았느냐고 묻지 않았다. 그 대신 땅이 꺼질 듯 한숨을 내쉬며 중얼거렸다.

"휴. 그래요. 딱 그런 기분이에요. 공부랑 학원 때문에 힘들어 죽겠는데, 어떻게 할지를 모르겠어요."

"어허! 힘들어서 죽으면 쓰나. 어떻게 할 방법도 있는데."

"방법이 있다고요?"

"그래. 있지."

"그게 뭔데요?"

준호는 할아버지 곁으로 바싹 다가앉았다.

"방법이 있긴 한데 지금 알려 주긴 어렵겠구나."

"왜요?"

할아버지는 대답 없이 턱짓으로 건너편을 가리켰다. 엄마, 아빠가 준호를 발견하고 이쪽으로 다가오고 있었다. 준호는 가슴이 두근두근 뛰었다. 엄마가 화난 얼굴로 준호를 야단치려고 막 입술을 달싹일 때였다.

"허허! 준호를 너무 나무라지 마세요. 저랑 학업에 관한 고민을 나누다 보니, 집으로 돌아가는 시간이 늦어졌습니다."

"아! 그러셨어요. 저희는 그런 것도 모르고."

경비 할아버지랑 공부 얘기를 했다는 것이 이상할 법도 한데, 그 말에 엄마의 얼굴이 단번에 누그러졌다. 준호는 그 까닭이 무엇이든 상관없다고 생각했다. 중요한 건 엄마의 야단을 듣지 않았다는 거니까. 준호는 엄마, 아빠와 함께 집으로 들어갔다.

그날 밤, 준호는 잠자리에 누워 할아버지가 한 말을 떠올렸다.

'내 고민을 해결할 방법이 있다고? 아니야. 그런 게 있을 턱이 없어. 그냥 해 본 말씀이겠지. 그래. 그런 거야.'

준호는 금세 기대를 버리고 잠이 들었다. 그런데 이튿날, 할아버지가 학교로 가는 준호에게 반듯하게 접힌 쪽지 하나를 내밀었다.

"여기에 네 고민을 해결할 방법을 적어 봤다."

"네?"

준호는 얼떨떨한 얼굴로 쪽지를 받아들었다. 할아버지는 웃으며 손을 흔들고는 경비실로 갔다. 준호는 쪽지를 한동안 보다가 학교로 향했다.

점심시간에 준호와 찬민이, 다영이, 지혜는 숙제를 의논하기 위해 한자리에 모여 앉았다. 그러나 네 아이가 나눈 이야기는 숙제에 관한 것이 아니었다.

"마음을 보는 안경으로 네 마음을 읽었다고? 흥. 말도 안 돼."

준호의 말을 듣던 찬민이가 콧방귀를 핑 뀌었다.

"그 할아버지는 너희 엄마가 학원에 가라고 다그치는 걸 다 봤어. 어제 우리가 네 걱정을 하는 것도 들었단 말이야."

"맞아. 우리도 너와 비슷한 일을 겪고 놀랐어. 하지만 가만히 생각해 보면, 우리가 나누는 얘기를 듣고 넘겨짚은 게 분명해!"

다영이와 지혜도 할아버지의 말이 거짓말이라고 몰아붙였다.

"그래. 뭐……. 나도 그 말은 농담이라고 생각해. 하지만 이걸 좀 봐!"

준호는 웃옷 호주머니에서 할아버지가 준 쪽지를 꺼내어 펼쳤다. 네 아이는 머리를 맞대고 종이를 들여다보았다.

마음속의 폭탄을 없애는 방법!

마음속에 큰 고민을 안고 있는 준호 보아라!
나는 그 고민을 '폭탄'이라고 부른단다.
불안하고 두려운 마음이 들게 하고,
내버려 두면 훗날 마음에 큰 상처를 입힐 수 있기 때문이지.
자, 그럼 지금부터 그 폭탄을 없애는 방법을 알려 주마!

첫 번째, 상대에게 알려라!

부모님께 네 고민을 솔직하게 털어놓아라. 이때 투정, 짜증,

화를 내는 건 금물이다. 내가 무엇 때문에, 얼마나, 어떻게 힘든지를 차분하고 자세하게 이야기하렴.

두 번째, 궁금한 것을 묻고 들어라!
부모님께 궁금한 것을 물어라. 부모님이 왜 그렇게 너에게 "공부!"를 강요하는지, 왜 많은 학원에 다니라고 하는지, 힘든 걸 왜 몰라주는지, 궁금한 것이 많지? 그걸 꼬치꼬치 물어보는 거야. 그리고 부모님의 대답을 들어보렴.

세 번째, 시간을 두고 해결안을 생각하라!
두 번째까지 했다면, 정말 큰일을 해낸 거라는 말을 먼저 해 주고 싶구나. 그다음에는 너와 부모님이 얼마쯤 생각할 시간을 가져야 한다. 하루도 좋고, 사흘도 좋고, 일주일도 좋다. 기간을 정한 뒤, 너는 그동안 부모님이 한 이야기에 대해 생각해 보아라. 아마 부모님도 네가 한 이야기에 대해 생각해 보실 게야.

네 번째, 토의해서 해결안을 찾아라!

약속한 날이 되면 다시 이야기를 나눠라. 고민을 어떻게 해결할지 의견을 나누는 거란다. 서로의 말에 귀를 기울이고, 서로의 마음을 충분히 헤아렸다면 이 과정은 생각만큼 힘들지 않을 게다.

엄마, 아빠에게 폭탄을 터뜨리다!

 준호는 학원 차를 기다리며 생각에 잠겼다. 오른쪽 호주머니에 찔러 넣은 손으로는 쪽지를 만지작거렸다. 며칠 전 할아버지에게 받은 '폭탄을 없애는 법!'이 적힌 쪽지였다. 어찌나 만지작거렸는지 쪽지의 접힌 부분이 닳아서 찢어질 정도다. 쪽지에 쓰인 내용도 외울 정도로 훤했다. 하지만 도무지 용기가 나지 않았다.

 '정말 이렇게 하면 내 고민을 해결할 수 있을까? 엄마, 아빠가 내 말을 들어줄까? 말을 꺼내자마자, 쓸데없는 소리 하지 말고 공부나 하라고 혼낼지도 몰라. 아! 답답해.'

준호는 고개를 들고 하늘을 바라보았다. 맑고 파란 가을 하늘에 작은 조각구름이 동실 떠 있었다. 그 구름은 넓은 바다 위에 떠 있는 조각배 같았다. 또, 어딘가로 훌쩍 떠나고 싶은 자신 같기도 했고, 마음속에 들어 있는 고민 덩어리 같기도 했다.

준호가 고개를 바로 하자, 저만치 학원 차가 달려오는 모습이 보였다. 조금 뒤 학원 차가 준호 앞에 멈추었다 떠났다. 준호는 여전히 그 자리에 서 있었다.

"너! 학원에 안 가고 왜 돌아왔어? 무슨 일이 있니?"

현관문이 열리고 준호가 들어오자 준호 엄마가 놀란 얼굴로 물었다.

"나 이렇게 지낼 수 없어!"

"그게 무슨 뚱딴지같은 소리야?"

"저녁에 아빠가 퇴근하시면 그때 얘기할게요. 아주 중요한 이야기예요."

"얘가 뭐라는 거야? 뭔데 그래?"

엄마가 화를 내며 캐물었다. 하지만 준호의 목소리는 단호했다.

"이따가 다 얘기할게. 궁금하겠지만 조금만 기다려 주세요.

부탁해요."

"얘가 정말……. 이상하네."

엄마는 여느 때와 사뭇 다른 준호의 표정과 말투에 당황했다. 준호 엄마는 서둘러 준호 아빠에게 퇴근 후 곧장 집으로 오라는 문자를 보냈다.

그날 저녁, 준호는 두근거리는 마음으로 부모님과 마주 앉았다. 엄마는 불안한 마음을 누르지 못하고 자꾸만 자세를 바꿔 앉았다.

"대체 무슨 일이야? 얼른 말해 봐."

"그래. 이제 아빠도 왔으니 얘기해 봐라."

아빠도 궁금한 표정이었다. 준호는 어렵사리 입을 열었다.

"내 마음속에 폭탄이 있어요. 그, 그러니까 아주 큰 고민이요. 그게 뭐냐면…… 공부와 학원 문제예요."

마침내 준호가 폭탄을 터뜨렸다. 그건 정말 큰 용기가 필요한 일이었다. 하지만 처음이 힘들었을 뿐이다. 준호는 일단 고민을 털어놓자 이내 하고 싶었던 말이 봇물 터지듯 흘러나왔다. 준호는 할아버지의 당부대로 최대한 침착하고 자세하게 이야기했다. 자신이 얼마나 힘든지를 말이다.

"공부하고 학원에 다니느라 피곤해서 밥맛도 없어요. 잠만 자고 싶다고요. 가슴도 답답해요. 어디로 멀리 도망쳐 버릴까 하는 생각까지 들어요."

준호의 말에 엄마, 아빠는 꽤 놀란 얼굴이었다. 하지만 준호의 걱정과 달리, 엄마와 아빠는 준호의 이야기를 끊거나 혼내지 않았다. 1단계는 성공한 것이다. 준호는 곧바로 2단계에 들어갔다.

"대체 왜 그렇게 '공부! 공부!' 하는 거예요? 앞으로 중학생이 되고, 고등학생이 되면 공부를 엄청나게 해야 할 거예요. 그럼 지금은 좀 놀아도 되잖아요? 학원은 왜 그렇게 많이 다녀야 하는 거죠? 내가 힘든 걸 왜 모른 척해요?"

준호는 침착해지려고 했지만 저도 모르게 감정이 북받쳤다. 준호는 간신히 다음 말을 이었다.

"이제 제가 한 질문에 대답해 주세요."

엄마, 아빠는 오랫동안 아무 말도 하지 못했다. 아무래도 준호가 느닷없이 터뜨린 폭탄에 적잖이 충격을 받은 모양이었다. 엄마, 아빠가 대답을 정리하는 동안 준호의 마음도 조금씩 가라앉았다.

"첫 번째 질문에 대한 대답부터 해야겠지?"

한참 만에 아빠가 입을 열었다.

"공부는 말이다. 태어나서 죽을 때까지 해야 하는 거야. 뭘 배우고 익히는 게 공부니까. 너만 공부를 하는 게 아니야. 엄마도 아빠도 공부를 해. 다만 그게 학생들이 하는 수학, 영어, 과학 같은 과목이 아닐 뿐이지."

"그럼 난 학생이니까 무조건 그런 공부를 다 해야 한다는 거예요?"

"그건 아니다. 준호야! 하나만 물어보자. 넌 지금 하는 공부 말고 달리 하고 싶은 게 있니?"

"아니요."

"그래서 네가 지금 여러 공부를 두루두루 해야 하는 거야."

준호는 고개를 갸웃했다. 아빠는 말을 이었다.

"그래야 네가 뭘 좋아하는지, 뭘 하고 싶은지 알 수 있거든. 게다가 초등학교 때 배우는 공부는 상식이라고 할 수 있어. 우리가 살아가는 데 꼭 필요한 기본적인 지식이지. 지금은 비록 배우는 게 어렵지만 앞으로 두고두고 네게 큰 도움이 될 거야. 알겠니?"

준호는 고개를 끄덕일 수도 가로저을 수도 없었다. 정말 그런지 판단이 서질 않았다.

"준호야!"

이번에는 엄마가 이야기했다.

"넌 분명히 중학생이 되고, 고등학생이 되면 엄청나게 공부해야 한다고 했지?"

"네."

"지금 공부하는 건, 그때 조금이라도 덜 힘들라고 그러는 거야. 지금 배우는 것을 제대로 익혀 두지 않으면 나중에 더 힘들어져. 바닥이 없는 집에 기둥을 세우고 지붕을 올릴 수 있겠니? 공부도 그런 거야."

"그럼 학원은요? 공부를 꼭 학원에 가서 해야 하는 건 아니잖아요?"

"학교에서 선생님이 가르쳐 주시지만 그걸 바로바로 이해할 수 있는 건 아니잖아. 다른 선생님이 미리 알려 주고 또 복습도 시켜 주면 좋잖니. 그래서 학원에 가라는 거지."

"하지만 난 정말 힘들단 말이에요. 그걸 몰라요?"

"엄마도 다 알아. 학원에 다니고, 늦게까지 공부하느라 힘든 걸 엄마가 왜 몰라. 하지만……. 엄마는 불안해. 나중에 네가 더 힘들어질까 봐……."

엄마의 목소리가 떨렸다.

"험험! 솔직히 고백하겠다. 아빠는 네가 이렇게 힘들어하는 줄 몰랐다. 미안하다. 아들!"

아빠는 머쓱한 표정을 지으며 준호의 머리를 흐트러뜨렸다.

"그래서 넌 어떻게 하고 싶은데?"

아빠가 다시 물었다. 준호는 이제 3단계를 진행할 때가 되었다고 느꼈다.

"다음 단계는 생각할 시간을 갖는 거예요. 그건 며칠 뒤에 의논해요."

준호는 엄마, 아빠와 3일 뒤에 다시 이야기를 나누기로 했다. 방으로 들어온 준호는 자신이 고민을 털어놓았다는 사실이 믿기지 않았다. 여전히 머릿속은 복잡했고 고민이 해결된 것도 아니었다. 하지만 마음은 한결 홀가분했다. 오래도록 담아 둔 고민 덩어리를 마음 밖으로 끄집어냈으니까.

잔소리는 지긋지긋해!

"찬민아! 얼른 일어나서 학교에 갈 준비해!"

어렴풋이 들리는 엄마 목소리에 찬민이는 이불을 머리까지 훌렁 뒤집어썼다. 그러고는 잠시 떠나온 꿈나라로 되돌아갔다. 그사이 꿈속 세상은 재미있는 놀이동산에서 무시무시한 귀신의 집으로 바뀌어 있었다.

찬민이는 머리를 풀어헤친 처녀 귀신에게 한참을 쫓겼다. 간신히 처녀 귀신을 따돌리고 기둥 뒤로 몸을 숨겼을 때였다. 등줄기로 서늘한 기운이 느껴졌다. 곧이어 누군가 찬민이의 엉덩이를 '탁!' 후려쳤다.

"으악!"

찬민이는 까무러칠 듯 놀랐지만, 기절하는 대신 퍼뜩 잠에서 깼다. 엄마가 이불을 젖히고 찬민이의 엉덩이를 찰싹 때리고 있었다.

"얼른 못 일어나! 엄마가 어젯밤에 일찍 자라고 했지? 아침에 이렇게 못 일어날 거면서 왜 밤마다 늦게 자겠다고 고집을 부려!"

처녀 귀신보다 더 끔찍한 엄마의 잔소리가 다다다다 쏟아졌다.

"으하암! 지금이 몇 시인데 그래?"

찬민이가 하품을 늘어지게 하며 느긋하게 물었다.

"네 눈으로 시계를 봐! 어쩔 거야. 이렇게 늦어서!"

"으아악! 지각이다!"

찬민이는 시계를 본 뒤에야 자리를 박차고 일어났다.

"옷 줘. 옷! 양말도. 앗! 가방도 안 쌌는데."

"잘하는 짓이다. 엄마가 자기 전에 가방을 미리미리 싸 놓으라고 했어? 안 했어? 아침마다 쌍둥이를 챙기기도 버거운데, 다 큰 너까지 챙겨 줘야 하니? 어휴! 책상 위가 이게 뭐야? 도깨비 소굴이 따로 없네! 어지르는 것도 정도가 있어야지. 과자를 먹었

으면 봉지는 쓰레기통에 버려야 할 거 아니야! 책을 봤으면 제자리에 꽂아 두란 말이야. 뒷손이 없어! 뒷손이!"

"아이, 참! 잔소리 때문에 시끄러워서 정신이 하나도 없잖아!"

주섬주섬 옷을 입고 가방을 챙기던 찬민이가 볼멘소리를 했다.

"정신없게 하는 건 엄마가 아니라 너지. 왜 이렇게 아침마다 사람 혼을 쏙 빼니?"

"아! 뭔가 빼먹은 게 있는 것 같은데……."

"왜 또 멍하니 서 있어?"

"에잇! 모르겠다. 학교 다녀오겠습니다."

찬민이는 가방을 둘러메고 방을 뛰어나갔다.

"늦어서 아침도 못 먹고, 씻지도 못하고. 대체 누굴 닮아서……."

엄마는 찬민이를 뒤따라 나오면서도 잔소리를 했다. 찬민이는 엄마의 잔소리를 막기라도 하듯 현관문을 '쾅!' 닫았다. 찬민이는 엘리베이터를 타고는 벽에 붙은 거울을 보며 까치집 같은 머리를 손가락으로 쓱쓱 빗었다.

"휴! 이제 좀 조용하군. 근데 진짜 뭘 빼먹은 것 같은……. 앗! 숙제 공책!"

찬민이는 다시 집으로 올라가야 했다. 우거지상을 쓰고 집 안으로 들어서자, 엄마가 공책을 들고 현관에 나와 있었다.

"엄마가 숙제는 침대에서 하지 말고 책상에 딱 앉아서 하라고 했지? 엄마 말을 안 들으니까 이런 일이 생기잖아! 이불에 지우개 가루는 잔뜩 떨어뜨려 놓고……."

"아! 나 늦었어. 잔소리는 나중에 해!"

엄마에게 공책을 넘겨받은 찬민이는 엘리베이터를 기다릴 시간도 없이 계단으로 후다닥 뛰어 내려갔다. 학교까지 내내 달음질친 끝에야 찬민이는 간신히 지각을 면할 수 있었다.

4교시 과학 시간이 되자, 찬민이의 배에서는 꼬르륵꼬르륵 소리가 요란하게 났다.

"아! 배고파. 아침을 못 먹었더니 배고파 죽겠네."

찬민이는 얼른 점심시간이 되기만 기다렸다. 과학실에서 모둠 친구들과 함께하는 실험도 뒷전이었다. 다영이는 그런 찬민이의 모습이 못마땅하다는 듯이 쫑알거렸다.

"야! 한찬민! 비커를 좀 달라니까 뭐해? 넌 왜 아무것도 안 하고 구경만 하니? 순 게으름뱅이야!"

"야! 잔소리하지 마! 난 잔소리라면 정말 지긋지긋하다고!"

찬민이는 다영이에게 버럭 화를 냈다.

"허! 내가 뭘 어쨌다고 성질이야?"

다영이는 어이없다는 표정으로 찬민이를 째려보았다. 찬민이가 평소처럼 느긋한 모습을 되찾은 때는 점심시간이었다. 찬민이는 수북이 쌓인 밥을 뚝딱 먹고 나서야 배를 두드리며 말했다.

"휴, 이제 좀 살겠네."

"너 오늘 무슨 일이 있었어?"

준호가 깍두기를 와작와작 씹으며 물었다.

"별일은 아니고. 늦게 일어나는 바람에 밥 대신 잔소리만 실컷 얻어먹어서 그래."

찬민이는 통통하게 부른 배를 쓱쓱 쓰다듬으며 대답했다. 그러고는 이상하다는 듯 준호를 빤히 쳐다보았다.

"너도 아침밥을 굶었어? 만날 피곤해서 밥맛도 없다더니 오늘은 잘 먹네?"

준호는 씩 웃으며 식판에 붙은 밥알을 싹싹 긁어모았다. 준호는 마지막 한 숟갈까지 밥을 맛있게 먹고는 이렇게 말했다.

"오늘 밥이 꿀맛이네. 실은 말이야. 나 어제 폭탄을 뻥 터뜨려 버렸어."

"뭐라고? 그게 정말이야?"

준호는 고개를 끄덕이며 어젯밤에 있었던 일을 찬민이에게 털어놓았다.

"……그렇게 해서 생각할 시간을 갖기로 했어."

"할아버지가 알려 준 방법이 통했다니. 오! 놀랍다."

"더 놀라운 얘기를 해 줄까? 생각해 보기로 한 3일 동안은 학원도 안 가기로 했어!"

"우와! 끝내준다. 그렇게 기쁜 일을 왜 이제 얘기하는 거야? 다영이랑 지혜에게도 알려 줘야지."

찬민이는 자기 일인 것처럼 좋아하며 다영이와 지혜에게 달려갔다. 그러고는 그날 오후 내내 준호를 부러워했다.

'준호는 좋겠구나. 난 오늘 집에 돌아가면 엄마의 잔소리를 엄청나게 듣겠지? 숙제 공책만 놓고 오지 않았어도 조금 덜 들을 텐데……. 차라리 오늘이 학원가는 날이었으면 좋았을걸. 뭐 뾰족한 수가 없을까?'

시간이 흘러 수업을 마치고 집으로 돌아가는 길이었다. 찬민이는 준호를 불렀다.

"준호야! 나 오늘 너희 집에서 놀면 안 되냐?"

이것이 찬민이가 머리를 쥐어짠 끝에 찾아낸 뾰족한 수였다. 엄마의 잔소리를 듣는 시간을 최대한 줄이는 방법 말이다.

"우리 집에서? 그래!"

준호는 찬민이의 제의를 선선히 받아들였다. 준호 엄마도 지난번과 다르게 찬민이를 반겨 주었다. 그런데 문제가 생겼다. 준호 엄마가 찬민이에게 전화기를 건네며 이렇게 말하는 것이 아닌가!

"찬민아! 엄마한테 우리 집에서 놀고 간다고 전화 드려라. 너를 기다리실 테니까."

당황한 찬민이는 얼떨결에 전화기를 받아들었다.

"지금 해."

준호 엄마가 자리를 떠나지 않고 재촉했다. 찬민이는 별수 없이 집으로 전화를 걸었다.

"여, 여보세요? 어, 엄마!"

"찬민이니? 너 집에 안 오고 어디서 뭐해?"

"어……. 나 준호네 집이야. 여기서 놀다 갈게."

"뭐라고? 얘가 지금 무슨 소리를 하는 거야? 얼른 와서 숙제를 하고 오늘은 좀 일찍 자야지! 놀다 오긴 어디서 놀다 와! 아침

에 엄마 속을 그렇게 뒤집어 놓고 너는 놀 마음이 생겨? 당장 집으로 못 와! 내가 정말……."

수화기 너머로 엄마의 잔소리가 와그르르 쏟아졌다.

"어, 어! 알았어. 놀다 갈게."

찬민이는 이렇게 말하고는 전화기를 뚝 끊어 버렸다. 찬민이는 고민이 가득 찬 얼굴이 되었다.

'이번에는 엄마가 많이 화난 거 같은데……. 지금이라도 그냥 집으로 갈까?'

찬민이는 잠시 망설였지만 이내 그런 생각을 접었다.

'아니야. 물은 이미 엎질러졌어. 이왕 이렇게 된 거 놀지도 못하고 혼나기만 할 순 없지.'

"찬민아! 방으로 가서 게임 한 판 하자!"

"좋았어!"

찬민이는 준호와 신 나게 놀기 시작했다. 엄마의 화난 목소리도, 잔소리도 깡그리 잊어버렸다. 시간은 눈 깜짝할 새에 지나갔다.

"찬민아! 저녁을 먹고 간다고 엄마에게 전화할래? 아니면 더 늦기 전에 집에 가야 하지 않겠니?"

준호 엄마가 방문을 열고 말했다.

"어! 벌써 시간이 그렇게 됐어요?"

찬민이는 창밖을 내다보았다. 바깥은 해가 넘어가며 하늘을 온통 붉게 물들이고 있었다.

"야! 저녁도 먹고 가!"

"아니야. 이제…… 가야 할 것 같아."

준호의 말에 찬민이는 힘없이 대꾸했다. 더 있다 가고 싶은 마음이 굴뚝같았지만, 그러려면 다시 엄마와 전화 통화를 해야 한다. 그건 차마 못할 것 같았다.

준호네 아파트를 나오니 그사이 어둠이 성큼 내려앉아 있었다. 찬민이는 고개를 숙인 채 걸음을 느릿느릿 내딛으며 중얼거렸다.

"이제 집에 가면 난 죽었다. 뭐라고 핑계를 대야 잔소리를 덜 들을 수 있을까?"

"잔소리를 들을 짓을 했으면 잔소리를 들어야지. 별수 있어?"

찬민이는 소스라치게 놀라며 고개를 번쩍 들었다. 경비 할아버지가 코를 찡긋하며 찬민이의 얼굴을 빤히 쳐다보고 있었다.

"엄마! 깜짝이야!"

놀란 찬민이는 저도 모르게 엄마를 찾았다. 할아버지를 피해 잽싸게 걸음을 옮기기 시작했다. 준호에게 도움을 주었다지만 경비 할아버지는 아무래도 너무 이상했다.

찬민이의 선전포고, 엄마랑 나랑 바꿔!

"후유! 흐흡!"

찬민이는 숨을 크게 내쉬었다가 다시 들이켰다. 떨리는 손으로 비밀번호를 누른 뒤 현관문을 열고 집으로 들어섰다.

"엄마! 형아 왔다!"

"엄마! 오빠 이제 왔어."

거실에서 놀고 있던 쌍둥이 동생들이 부엌으로 쪼르르 달려갔다.

"손 씻고 와서 밥 먹으라 그래!"

엄마가 내다보지도 않고 말했다. 식탁에 그릇을 놓는 소리가 "탁!" 하고 크게 났다. 엄마는 단단히 화난 게 분명했다.

식탁에 앉은 찬민이는 엄마 눈치를 슬금슬금 살폈다. 밥 한 숟갈 떠먹고 엄마 한 번 쳐다보고, 반찬 한 젓가락 집어먹고 엄마 한 번 쳐다보기를 반복했다. 그런데 밥을 다 먹을 때까지도 엄마가 말이 없었다.

"자, 잘 먹었습니다."

찬민이는 숟가락을 놓자마자 도망치듯 방으로 들어갔다.

'웬일이지? 엄마가 잔소리를 안 하다니……. 이거 불안한데.'

하지만 시간이 지나면서 마음속 불안도 점점 사그라졌다.

'하긴 생각해 보면 내가 잘못한 것도 없잖아? 친구 집에서 놀고 온 게 잔소리를 들을 일은 아니지.'

시간이 지나 아빠가 퇴근해서 돌아오자 찬민이는 마음이 푹 놓였다. 아빠가 종종 엄마의 잔소리를 말려 주었기 때문이다.

"잔소리를 안 듣고 넘어가다니 이게 웬 떡이냐! 흐흐. 떡 대신 초코바나 먹어 볼까?"

찬민이는 책상 맨 아래 서랍에 숨겨 둔 초콜릿 바를 꺼냈다. 막 포장을 뜯는데 '벌컥!' 방문이 열렸다. 찬민이가 화들짝 놀라

는 바람에 포장지에서 초콜릿 바가 튀어나와 바닥으로 툭 떨어졌다.

엄마가 어처구니없다는 눈빛으로 찬민이와 초콜릿 바를 번갈아 쳐다보았다.

"찬민이 너 이리 나와! 얘기 좀 하자."

'그럼 그렇지. 엄마가 그냥 넘어갈 리가 없지.'

찬민이는 인상을 찌푸리며 엄마를 따라 거실로 나갔다.

"거기 앉아 봐!"

찬민이는 자리에 앉으며 최대한 불쌍한 얼굴로 아빠를 쳐다봤다.

'아빠! 저 좀 도와주세요.'

찬민이는 애처로운 눈빛으로 아빠에게 구원의 신호를 쏘았다.

"야야! 얘들아. 우리는 방으로 들어가서 놀자."

하지만 아빠는 찬민이의 눈길을 피하며 동생들을 데리고 방으로 들어가 버렸다.

'윽! 이럴 수가!'

이제는 꼼짝없이 엄마의 잔소리를 들을 수밖에 없었다.

"너 그게 무슨 짓이니? 엄마가 얘기하는 도중에 전화를 끊는

못된 버릇은 어디서 배웠어?"

엄마가 나직한 목소리로 잔소리를 시작했다.

'슬슬 시동을 거시는군.'

"엄마가 언제 너보고 준호 집에서 놀고 오라고 했니? 어쩜 그렇게 능청스러운 거짓말을 할 수가 있어?"

엄마는 찬민이의 대답을 듣지도 않고 계속 질문을 던졌다. 하긴 대답할 필요도 없는 질문이었다. 정말 궁금해서 묻는 게 아니었으니까. 시간이 흐르면서 엄마의 목소리는 점점 높아지고, 말도 빨라졌다.

'드디어 속도를 높이는군.'

찬민이는 쉴 새 없이 열렸다 닫혔다 하는 엄마의 입술을 멍하니 쳐다보았다. 그러면서 엉뚱한 생각에 빠져들었다.

'아까 준호 집에서 갖고 놀았던 게임기가 정말 재미있던데. 아빠한테 그걸 사 달라고 해야지. 근데 언제 사 달라고 하지? 생일은 이미 지나 버렸고……. 크리스마스 선물로? 아니야. 크리스마스까지는 한참이나 남았는걸. 뭐 특별한 날 없나…….'

잔소리 들을 때 딴생각을 하는 것. 이건 엄마의 잔소리를 견디는 찬민이만의 방법이었다. 생각할 거리는 가능하면 신 나고 재미있는 것으로 골랐다.

"너 지금 엄마 말을 제대로 듣는 거야?"

물론 엄마는 찬민이가 딴생각에 빠진 걸 금세 알아차렸지만 말이다.

"어? 응. 듣고 있어. 잘못했어요. 이제 안 그럴게요."

찬민이는 엄마가 슬슬 지칠 때가 되었다는 것을 안다. 이제 엄마는 "대체 널 어떻게 해야 좋을지 모르겠다."며 한숨을 몇 번 쉴 것이다. "제발 말 좀 들어라!" 하고 당부도 할 게 분명하다. 그럼 잔소리가 끝나는 거다. 하지만 오늘은 달랐다.

"네가 뭘 잘못했는데? 네 입으로 한번 말해 봐!"

평소와 다른 상황에 찬민이는 말문이 턱 막혔다.

"음……. 그러니까……. 그게……."

"한찬민! 너 엄마 말을 안 들었지? 잘못한 것도 없다고 생각하지?"

"……."

"너 정말! 엄마가 그렇게 얘기를 했는데!"

끝날 줄만 알았던 잔소리가 다시 시작되었다. 이번에는 딴생각조차 할 수 없었다. 엄마의 잔소리가 끝없이 귓속을 파고들었다. 찬민이는 점점 짜증이 치밀었다. 골치가 지끈지끈 아파서 견딜 수가 없었다.

"아! 좀 그만해! 내가 뭘 어쨌다고 그래?"

"아니, 너!"

"엄마가 이렇게 잔소리를 끝도 없이 하니까 내가 집에 오기 싫은 거라고!"

찬민이는 버럭 화를 내며 자리에서 일어섰다. 방에서 나온 아빠의 모습이 보였다. 아마도 찬민이의 큰 소리를 듣고 나온 것이리라. 찬민이는 원망스러운 눈으로 아빠를 쳐다보고는 쿵쿵 발

소리를 내며 방으로 들어갔다.

"쟤가 정말!"

엄마가 벌떡 일어나 찬민이를 따라가려는데 아빠가 엄마의 팔을 꽉 잡았다.

"그냥 둬. 내가 나중에 따끔하게 혼내 줄게."

아빠의 말에 엄마는 스르르 바닥에 주저앉았다.

"내가 속상해서 못 살겠어. 다른 애들은 5학년쯤 되면 집안일도 돕고, 동생들도 봐주고 그런대. 근데 찬민이는 날 도와주기는커녕 제 방 청소도 한 적이 없단 말이야."

엄마는 아빠에게 푸념을 늘어놓았다.

"지저분하고, 게으르고……. 대체 누굴 닮아서 저런지 몰라."

엄마의 말에 아빠는 멋쩍은 표정을 지었다. 사실 찬민이는 아빠를 쏙 빼닮았다. 느긋하고, 둔하고, 장난을 좋아하는 성격까지.

"허허! 낳은 사람을 닮았지 누굴 닮아! 어찌나 엄마를 닮았는지, 난 저번에는 찬민이를 '여보!'라고 부를 뻔했다니까?"

"지금 그걸 말이라고 해?"

결국 눈치 없이 농담을 한 아빠는 엄마에게 등짝을 한 대 얻어맞았다.

방으로 들어온 찬민이는 씩씩대며 바닥에 떨어진 초콜릿 바를 주워 한 입 깨물었다.

"쳇! 하고 싶은 말을 했더니 속이 다 시원하네!"

하지만 찬민이의 마음은 전혀 편하지 않았다. 이 일로 내일 아침에 다시 잔소리를 들을 게 뻔하니까. 찬민이는 엄마를 이해할 수가 없었다.

'솔직히 오늘은 내가 심했다고 쳐. 하지만 엄마가 오늘만 잔소리를 한 게 아니잖아. 대체 엄마는 왜 그렇게 씻는 거랑 청소에 신경을 쓰는 걸까? 좀 안 씻고 안 치우면 어때서?'

이런 생각을 하고 있는데 아빠가 방으로 들어왔다. 아빠는 눈을 꿈쩍꿈쩍하더니 냅다 고함을 쳤다.

"이 녀석! 어디, 엄마가 말씀하시는데!"

그러고는 이내 벌쭉이 웃으며 찬민이에게 속살거렸다.

"야, 인마! 말 좀 들어라. 엄마 진짜 힘들대. 어! 맛난 거 혼자만 먹기냐?"

아빠는 찬민이 손에 남아 있는 초콜릿 바를 빼앗아 커다란 입 속에 쏙 넣어 버렸다.

"너 엄마한테 또 내들면 그때는 정말 따끔하게 혼내 줄 거야!"

아빠는 다시 거실에 있는 엄마가 들으라는 듯 목청을 높였다.

"방금 한 말은 농담 아니다!"

아빠는 찬민이를 보며 나직하지만 엄한 목소리로 이 말을 남긴 채 방을 나갔다. 찬민이는 한숨을 내쉬었다. 다음 날, 찬민이는 모둠 친구들에게 자못 진지한 얼굴로 말했다.

"아이들의 고민 중에 반드시 부모님의 잔소리를 넣어야 해."

하지만 친구들의 반응은 시큰둥했다.

"에이! 잔소리는 고민이라고 할 수 없지."

"맞아. 엄마, 아빠가 잔소리를 하는 건 너무 당연한 일이거든."

준호와 다영이의 말에 찬민이는 펄쩍 뛰었다.

"야! 모르는 소리 하지 마! 우리 엄마의 잔소리는 엄청나다고. 한번 시작하면 한 시간도 해!"

"어머! 그렇게 오래?"

다영이가 놀라자 찬민이는 심각한 얼굴로 말했다.

"말도 마! 난 오늘 아침에도 잔소리를 들을까 두려워서 솜으로 귀를 막았다고!"

"으하하하. 그거 좋은 방법인데?"

준호가 깔깔대며 웃었다.

"별로 좋은 방법은 아니야. 바로 들켜서 진짜 잔소리를 들었거든."

그 말에 다영이도 웃음을 터뜨렸다. 지혜 역시 웃으며 한마디 했다.

"풉. 잔소리가 심하긴 심한 모양이네. 둔한 한찬민이 그렇게 할 정도면."

"아! 지혜밖에 없구나. 알아줘서 고맙다!"

찬민이는 감격한 얼굴로 지혜를 바라보았다. 지혜가 자신을 둔하다고 한 말에는 신경도 쓰지 않은 채 말이다. 한참을 웃던 준호가 좋은 생각이 났는지 찬민이의 어깨를 툭 쳤다.

"야! 너 그게 정말 고민이라면 할아버지에게 도와 달라고 해."

"할아버지? 어떤 할아버지?"

"우리 아파트의 경비 할아버지 말이야. 그 할아버지가 내 고민을 해결할 방법을 알려 주셨잖아."

"뭐? 그 할아버지는 이상해!"

찬민이가 어제 일을 생각하며 인상을 찌푸렸다.

"게다가 아직 네 고민이 완전히 해결된 게 아니잖아."

이번에는 지혜도 날카롭게 반박했다.

"그건, 그렇지만……. 그럼 할아버지가 알려 준 방법이 확실하게 성공하면 그때는 너도 부탁해 봐."

"그래. 뭐……."

준호의 말에 찬민이는 탐탁지 않은 표정으로 말끝을 흐렸다.

엄마도 잔소리하기가 힘들어

 며칠 뒤, 하굣길에 찬민이는 준호를 따라가며 못 미덥다는 듯이 물었다.

 "너 정말 성공한 거 맞아?"

 "그렇다니까. 마음에 쏙 드는 결과는 아니지만 그만하면 성공이라고 할 수 있어."

 "어떻게 됐는지 자세하게 말해 봐."

 "그러니까 말이야……."

 준호는 찬민이에게 어젯밤의 일을 들려주었다.

어제는 준호가 폭탄을 터뜨린 지 딱 3일째 되는 날이었다. "해결하라!"는 마지막 단계를 실행한 날이기도 했다. 준호와 부모님은 다시 거실에 모여 앉았다.

"그동안 생각을 좀 했니?"

"우리도 네 말을 듣고 많은 생각을 했어. 많이 힘들게 해서 미안해."

엄마, 아빠의 목소리는 다정했다.

"자, 이제 어떻게 하고 싶은지 먼저 말해 봐라."

아빠의 말에 준호는 마른 침을 꿀꺽 삼켰다. 앞으로의 생활이 달라지느냐 마느냐가 달린 중요한 순간이었다.

"학원을 아예 안 다니겠다는 건 아니에요. 근데 너무 많아서 힘드니까 줄였으면 좋겠어요. 또 혼자 공부하면서 생각할 시간도 필요해요. 그래야 내가 뭘 좋아하는지, 앞으로 뭘 더 공부하고 싶은지 알죠."

준호는 그동안 정리한 생각을 말했다. 고민을 해결하기 위해 의논하기 시작한 것이다. 그건 할아버지의 말대로 폭탄을 터뜨린 날처럼 힘들지는 않았다. 그렇다고 마냥 수월한 것도 아니었다.

"뭐? 학원을 딱 하나만 다니겠다고? 그것도 일주일에 3일만

가는 학원으로? 김준호! 그건 좀 심하지 않니?"

잠깐이긴 했지만 엄마의 목소리가 날카로워지기도 했다. 세 식구는 한참 동안 밀고 당기기를 한 끝에 결론을 내렸다. 그 결과를 준호는 환한 얼굴로 찬민이에게 알려 주었다.

"그래서 난 학원을 두 곳만 다니기로 했어. 하루에 한 군데만 가면 돼. 수요일은 어쩔 수 없이 두 곳을 가야 하지만……. 그래도 이만하면 성공한 셈이지?"

"와! 틀림없는 성공이야. 그것도 대성공."

찬민이는 감탄했다.

"그 할아버지는 네 잔소리 고민을 해결할 방법도 분명히 알고 계실 거야. 보통 할아버지가 아니라고. 넌 그런 느낌을 못 받았니?"

"받았지. 왕창. 그리고 그 할아버지가 날 싫어한다는 느낌도 받았어."

"그 할아버지가 널 왜 싫어해? 잘 알지도 못하는데."

"지난번에 너희 집에서 나오다 딱 마주쳤는데, 콧구멍을 벌름벌름하면서 날 노려봤단 말이야."

"하하하. 그건 할아버지가 장난친 거야. 얼굴을 빤히 쳐다보면서 코를 찡긋하는 거."

"그런가……."

이런 이야기를 나누는 사이에 둘은 준호네 집 앞에 다다랐다. 할아버지는 놀이터에 떨어진 과자 봉지며 휴지 같은 쓰레기를 줍고 계셨다.

"할아버지!"

준호가 할아버지를 반갑게 부르며 달려갔다.

"부탁이 있어요."

"그러냐? 무슨 부탁인지 저쪽에 가서 한번 들어볼까?"

준호와 할아버지는 놀이터 정자에 걸터앉았다. 찬민이는 여전히 내키지 않는 표정으로 쭈뼛대며 서 있었다.

"얘는 제 친구 찬민인데요. 찬민이도 고민이 있어요. 근데 제 고민이랑은 달라요. 찬민이의 고민은 엄마 잔소리예요."

준호는 찬민이를 대신해 이야기를 죽 늘어놓았다. 엄마의 잔소리를 피하려고 찬민이가 솜으로 귀를 막은 적도 있다는 이야기도 빼놓지 않았다. 그건 좀 웃기기는 했지만 찬민이의 상황이 얼마나 심각한지 알려 주는 중요한 사건이니까.

할아버지는 미소를 지으며 준호의 이야기에 귀를 기울였다.

그러고는 이야기가 끝나자마자 말했다.

"음. 좋은 방법이 하나 있긴 하다."

준호는 씩 웃으며 찬민이를 쳐다보았다. 찬민이의 눈이 휘둥그레졌다.

"헉! 정말 방법이 있어요?"

찬민이의 마음은 단숨에 기대로 가득 찼다.

"찬민아! 엄마에게 잔소리를 듣는 게 얼마나 괴로운지 엄마에게 알려 주고 싶지?"

"네!"

"네가 엄마라면 절대 잔소리를 하지 않을 텐데 싶고!"

"오! 바로 그거예요."

찬민이는 양 손바닥을 짝 마주쳤다. 그런 다음 마치 기도하듯 두 손을 모으고 할아버지의 다음 말을 기다렸다. 뭔가 기똥찬 방법을 듣게 될 것 같았다.

"그럼, 엄마에게 바꿔 보자고 해라."

"네? 뭘요?"

"네가 엄마가 되고, 엄마보고 네가 되라고 하는 거야."

"엥? 그게 뭐예요."

"그걸 역할극이라고 한단다. 너와 엄마가 얼마 동안 서로 입장을 바꾸어 생활해 보는 거야."

할아버지의 말이 끝나자 간절하게 모으고 있던 찬민이의 손이 아래로 툭 떨어졌다. 할아버지는 역할극의 좋은 점을 이것저것 얘기해 주었다. 하지만 실망한 찬민이는 할아버지의 말을 귓등으로 흘릴 뿐이었다. 얼마 후 찬민이는 준호와 헤어져 집으로 향했다.

"쳇! 말도 안 돼! 난 남자고 게다가 어린이인데. 어떻게 엄마가 되냐고!"

찬민이는 집으로 돌아가며 투덜거렸다.

"괜히 준호의 말을 들었다가 시간만 버렸어. 늦게 왔다고 엄마한테 잔소리만 더 듣게 생겼네!"

준호의 불안한 예감은 딱 맞아떨어졌다.

"어디서 놀다가 이제 오니? 학원에 안 가는 날은 으레 놀고 오는 날로 생각하는 거지, 너?"

엄마의 잔소리에 찬민이를 한쪽 귀를 후비며 얼굴을 찌푸렸다. 그런데 그게 또 잔소리거리가 되었다.

"왜 손가락으로 귀를 후비니? 그게 나쁜 습관이라고 엄마가

말했지? 귀가 가려우면 면봉으로 살살 후벼야지. 왜 자꾸 손가락으로 그래! 참! 너 콧구멍도 자주 후비더라. 그래 놓고 그 손으로 뭐 집어먹고. 친구들이 더럽다고 안 그래?"

"아! 진짜!"

찬민이는 이번에 양쪽 귓구멍에 손가락을 찔러 넣었다.

"어머머! 얘가 정말! 가만 보면 어린 동생들만도 못해. 얼른 손을 못 빼! 형이 되어서 동생들한테 모범을 보여야지!"

엄마의 잔소리는 이제 형 노릇에 대한 이야기로 넘어갔다. 찬민이는 손가락으로 귓구멍을 막았지만, 엄마의 잔소리는 용케도 귓속을 파고들었다. 그때였다.

"아! 입장을 바꿔서 살아 보자고!"

찬민이의 입에서 느닷없이 이런 말이 튀어나왔다. 그리고 거짓말처럼 엄마의 잔소리가 뚝 멈췄다.

이튿날 토요일 아침, 쌍둥이 동생들이 찬민이를 흔들어 깨웠다.

"히히! 엄마 일어나! 나 배고파!"

"오빠! 아니 엄마! 왜 이렇게 게으름을 부려. 엄마는 안 그러잖아."

찬민이는 졸음이 가득한 눈으로 자리에서 부스스 일어나 앉았다. 이윽고 퍼뜩 머릿속을 스치는 기억이 있었다.

'맞아. 오늘부터 내가 엄마 노릇을 하기로 했지? 히히.'

찬민이는 벌써부터 피식피식 웃음이 삐져나왔다. 어제 불쑥 "입장을 바꿔서 살아 보자고!"라고 말했을 때만 해도, 찬민이는 엄마가 역할극을 받아들일 거라고는 생각지 못했다. 하지만 엄마는 마치 기다렸다는 듯 "그러자!"고 대답했다. 그런 다음 두 사람은 주말 동안에 찬민이가 엄마 역할을, 엄마가 찬민이 역할을 하기로 약속한 것이다.

'앞으로 이틀은 엄마 잔소리를 안 들어도 되는 거야!'

찬민이는 기분이 날아갈 것 같았다.

"야! 엄마는 이제 더 잘 거야. 지금부터 너희는 안 씻어도 돼. 집을 마음껏 어지럽혀도 상관없어! 이 엄마는 잔소리를 절대 안 할 거니까. 으하하하."

찬민이가 웃으며 다시 침대에 벌러덩 드러누웠다. 하지만 찬민이 말에 좋아라고 뛰어나갔던 쌍둥이 동생들이 얼마 지나지 않아 다시 돌아왔다.

"밥 줘! 밥!"

"엄마. 나 배고프단 말이야."

동생들은 찬민이의 팔다리를 마구 흔들어 댔다. 조금 뒤에는 커다란 손이 찬민이의 어깨를 흔들었다.

"어이! 여보! 내 등산 가방을 어디다 뒀어? 등산 양말도 좀 찾아 줘!"

커다란 손의 주인공은 바로 아빠였다. 세 사람이 달라붙어 조르는 통에 찬민이는 더는 잠을 잘 수가 없었다.

"아이. 참 성가시게 하네!"

찬민이는 자리에서 벌떡 일어났다. 마침내 찬민이는 엄마 노릇을 시작했다.

"에잇! 왜 이렇게 할 일이 많은 거야?"

그런데 엄마로 지낸다는 건 찬민이의 기대처럼 신 나는 일이 절대 아니었다. 주말 내내 찬민이는 끼니 때마다 밥상을 차렸다 치우고 설거지도 해야 했다. 동생들의 간식을 챙겨 줘야 했으며, 음식 재료를 사러 시장에도 다녀와야 했다. 또 택배 물건을 가지러 경비실에도 다녀오고, 쓰레기를 분리해 밖에 내놓는 일도 해야 했다. 그게 끝이 아니었다.

"엄마! 안 씻으려고 했는데. 나 머리가 가려워! 감겨 줘!"

"엄마! 선생님이 낙엽을 주워서 오라고 했어. 놀이터에 나가서 같이 줍자!"

"엄마! 만화 영화가 보고 싶어. 틀어 줘!"

"엄마! 이 숙제를 혼자 못하겠어. 도와줘!"

두 동생은 엄마가 된 찬민이에게 이것저것을 해 달라고 끊임없이 졸랐다. 툭하면 뒤엉켜 싸우는 바람에, 그걸 뜯어말리고 잘잘못을 가려 주는 것도 큰 일이었다.

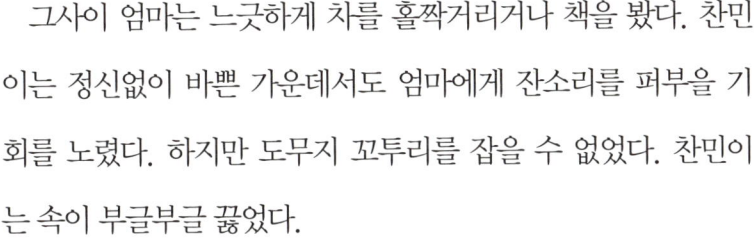

그사이 엄마는 느긋하게 차를 홀짝거리거나 책을 봤다. 찬민이는 정신없이 바쁜 가운데서도 엄마에게 잔소리를 퍼부을 기회를 노렸다. 하지만 도무지 꼬투리를 잡을 수 없었다. 찬민이는 속이 부글부글 끓었다.

일요일 저녁, 찬민이는 동생들이 잔뜩 어질러 놓은 거실을 지나다 장난감 자동차를 밟고 뒤로 발라당 자빠졌다.

"야! 이 녀석들아! 이걸 여기다 놓으면 어떡해? 다칠 뻔했잖아!"

찬민이가 아픈 엉덩이를 쓱쓱 문지르며 동생들을 향해 소리쳤다. 동생들은 대꾸도 하지 않았다. 찬민이는 한숨을 내쉬며 빵 봉지며 크레파스와 스케치북, 장난감들로 난장판이 된 거실

을 둘러보았다.

"어휴! 이게 뭐야? 도깨비 소굴이 따로 없네. 어지르는 것도 정도가 있어야지. 이건 너무 심하잖아! 빵 봉지는 쓰레기통에 버려야 할 거 아니야! 장난감도 갖고 놀았으면 제자리에 두란 말이야. 뒷손이 없어! 뒷손이!"

"풉. 푸하하하."

엄마의 웃음소리가 터져 나왔다.

"찬민 엄마도 별 수 없네. 자기가 엄마라면 절대 잔소리를 안 할 거라고 노래를 부르더니!"

그러자 아빠도 빙글거리며 말했다.

"그러게. 언제는 맘껏 어질러도 상관없다더니!"

"맞아! 근데 찬민 오빠는 정말 엄마 같다. 잔소리도 엄마가 하던 거랑 똑같아!"

동생에 말에 찬민이는 펄쩍 뛰었다.

"네, 네가 무슨 잔소리를 해? 난 그런 거 절대 안 한다고!"

하지만 찬민이도 알고 있었다. 방금 자신이 엄마처럼 잔소리를 했다는 걸.

썰렁한 집은 싫어!

일요일 밤, 찬민이네 가족은 일찌감치 잠자리에 들었다.

"당신 이틀 동안 쉬어서 좋았지?"

찬민이 아빠가 엄마에게 물었다.

"응. 좋았어. 정말 오랜만에 집안일에서 벗어났으니까."

"찬민이 녀석, 엉뚱한 줄은 알았지만 어떻게 그런 생각을 했지?"

"내 잔소리를 듣는 게 정말 지긋지긋했던 모양이야. 어쩌면…… 내가 집안일을 하면서 쌓인 스트레스를 찬민이에게 잔소리하는 것으로 풀었는지도 모르겠어."

엄마, 아빠가 이런 이야기를 나누는 동안 찬민이는 이불 속에서 안도의 한숨을 내쉬고 있었다.

'드디어 끔찍한 엄마 노릇에서 벗어났어. 아! 다행이다.'

다음 날 찬민이는 원망 가득한 목소리로 준호에게 투덜거렸다.

"야! 나 주말에 힘들어서 죽는 줄 알았어!"

"왜?"

"뭐가 왜야? 할아버지가 알려 준 역할극인가 뭔가 때문이지!"

"오! 너 정말 그걸 했어?"

"그래. 내가 바보 같이 그걸 했다. 암튼 요 입이 말썽이라니까."

찬민이는 제 입을 톡톡 때렸다. 그러고는 분한 얼굴로 말했다.

"그 할아버지는 너무해! 너한테는 편해지는 방법을 알려 주고, 나한테는 힘들어지는 방법을 알려 주다니!"

"엄마 노릇이 그렇게 힘들었어? 엄마가 되면 마음대로 할 수 있어서 편할 것 같은데……."

"나도 그럴 줄 알았지."

그때 다영이와 지혜가 팔짱을 끼고 다가왔다.

"너희 무슨 얘기를 그렇게 해? 숙제를 의논해?"

"그게 아니라 찬민이가 엄마 된 얘기를 하는 거야."

다영이의 말에 준호가 대꾸했다.

"무슨 소리야?"

지혜가 물었다.

"으, 얘들아! 눈물 없이는 들을 수 없는 내 얘기를 좀 들어 봐."

찬민이는 그동안에 있었던 일을 침을 튀기며 늘어놓았다. 그러고는 시무룩한 표정으로 이렇게 말을 맺었다.

"안 그래도 엄마의 잔소리 때문에 힘들었는데, 더 힘든 일을 주말에 겪다니. 나 정말 불쌍하지 않냐?"

그 말에 준호는 미안하다는 표정을 지었다. 지혜의 표정은 시큰둥했다. 그리고 다영이의 표정은 세 아이와 또 달랐다.

'찬민이가 부러워. 잔소리라도 좋으니 엄마, 아빠의 목소리 좀 실컷 들어 봤으면……. 힘들어도 좋으니까 엄마, 아빠의 얼굴을 좀 실컷 봤으면…….'

다영이의 얼굴에는 쓸쓸함이 가득했다.

학교 수업이 끝나고 다영이는 곧바로 학원으로 향했다. 학원을 마치고 나온 뒤에도 다영이는 집이 아닌 어딘가로 부지런히 걸음을 옮겼다.

"소영아!"

"언니!"

어린이집에서 놀고 있던 일곱 살 난 동생 소영이가 다영이를 보자, 두 팔을 벌리고 달려왔다. 다영이는 소영이를 꼭 안아 주었다.

"재미있게 놀았어? 이제 집에 가자!"

다영이는 터울이 많이 지는 동생 소영이를 데리고 집으로 향했다. 행복 아파트 단지 맞은편에 있는 자그마한 빌라 지하층이 다영이네 집이었다. 다영이가 현관문을 열자, 어둑하고 썰렁한 기운이 자매를 휘감았다. 다영이는 서둘러 불을 켰다.

"소영아! 언니가 저녁 차릴 동안에 옷을 갈아입고 손 씻어."

다영이는 엄마가 끓여 놓은 국을 데우고, 냉장고에서 반찬을 꺼내 상을 차렸다. 저녁을 먹은 뒤에는 설거지를 하고, 동생이 벗어 놓은 옷을 세탁기에 넣었다. 이 모든 과정이 한두 번 해 본 솜씨가 아닌 듯 다영이는 능숙했다.

한참이 지나도록 집 안에는 다영이와 소영이뿐이었다. 인형놀이를 하던 소영이는 어느새 숨소리를 쌕쌕 내며 깊은 잠에 빠져들었다. 다영이는 시계를 봤다. 10시가 훌쩍 넘어가고 있었다.

"오늘은 왜 이렇게 늦는 거지?"

다영이는 소영이 곁에 모로 누웠다. 어린 동생의 얼굴을 빤히 바라보다 흘러내린 머리카락을 살짝 쓸어 올려 주었다.

"음. 엄마!"

소영이가 잠결에 엄마를 찾았다.

"그래. 자! 자!"

다영이는 동생의 등을 토닥였다. 그러다 다영이도 스르르 잠이 들었다.

그 시각, 찬민이는 컴퓨터 게임에 열을 올리고 있었다. 주말 동안 마구잡이로 어질러진 집안은 엄마의 손길이 닿자마자 원래의 말끔한 모습으로 되돌아왔다. 그리고 찬민이도 잔소리가 많은 엄마의 말 안 듣는 큰아들로 돌아와 있었다.

"좋았어! 오늘 유난히 잘되는데!"

찬민이가 키보드를 부서져라 두들겨 대는데, 방문이 벌컥 열렸다.

"너 아직도 안 자니! 그러다 내일 또 지각하면 어쩌려고……."

'에그! 또 잔소리 시작이군. 어째 오늘은 안 한다 했어!'

77

찬민이가 지레짐작하고 있는데, 엄마가 잔소리를 뚝 멈췄다. 잠시 후 엄마는 다시 입을 열었다.

"이제 그만 씻고 자!"

엄마의 잔소리는 평소와 비교도 할 수 없을 정도로 짧았다. 의외였다.

"아! 나 이거 시작한 지 얼마 안 됐단 말이야. 나 이거 조금만 더……."

'그럼 그렇지. 순순히 내 말을 들을 리가 없지.'

이번에는 엄마가 미리 짐작하고 있는데, 찬민이가 말을 뚝 멈췄다.

"알겠어. 그만 잘게."

찬민이의 태도는 평소와 견줄 수 없을 정도로 고분고분했다. 뜻밖이었다. 엄마와 찬민이는 놀란 눈으로 서로를 바라보았다.

"하하하하!"

"히히히히!"

그러고는 동시에 웃음을 터뜨렸다. 말은 하지 않았지만, 엄마도 찬민이도 서로의 마음을 알 수 있었다.

엄마, 아빠의 다정한 관심이 필요해

"어, 웬일이야? 원피스를 다 입고 오다니?"

"나도 지금 후회하는 중이야."

다영이의 말에 지혜가 심드렁하게 대꾸했다.

"왜 후회해?"

"난 치마 입는 거 별로야. 꼬맹이들 옷처럼 이렇게 알록달록한 원피스는 더 싫고."

"근데 왜 입고 왔어?"

"엄마가 졸라 대는 게 귀찮아서. 지난주에 자기 마음대로 이딴 걸 사 와서는 어찌나 입고 가라고 야단인지……."

"그렇구나. 하지만 너희 엄마가 옷을 잘 고른 것 같은데? 이 원피스는 정말 예뻐."

다영이는 부러운 눈으로 지혜의 옷을 요리조리 살폈다. 다영이는 이내 엄마에 대한 불만을 쫑알쫑알 풀어놓았다.

"나라면 좋아하며 입겠다. 우리 엄마는 정말 예쁜 옷을 볼 줄 모르거든. 아침에 내가 어떤 옷을 입고 나가는지 신경도 안 써."

"난 우리 엄마도 제발 그랬으면 좋겠다. 내가 아기도 아닌데 어찌나 시시콜콜 참견하는지. 짜증 나 죽겠어."

지혜도 엄마에 대한 불만을 털어놓았다. 둘이 저마다 엄마에게 바라는 점은 정반대였지만, 어쨌든 불만이 있다는 것만큼은 똑같았다. 그렇게 다영이와 지혜는 엄마에 대한 불만을 한참 떠들어 댔다. 물론 수다를 떠는 걸 좋아하는 다영이가 훨씬 더 많은 이야기를 했지만 말이다.

다영이의 불만은 엄마, 아빠가 일을 하느라 몹시 바쁘다는 거다. 다영이 엄마는 집 근처 식당에서 일했다. 점심 때부터 시작한 일은 보통 밤 9시가 되어야 끝났다. 손님이 많은 날에는 더 늦게 오기도 했다. 다영이 아빠는 택시 운전을 했는데, 오후에

일을 나가면 한밤중이나 되어야 돌아왔다.

아침과 낮 시간을 학교에서 보내는 다영이는 자연히 엄마, 아빠와 함께 보낼 수 있는 시간이 적었다. 그렇다고 엄마, 아빠에게 일을 나가지 말라고 할 수는 없었다. 넉넉하지 않은 집안 형편 때문에 부모님이 맞벌이를 할 수밖에 없다는 것을 다영이도 잘 알고 있었으니까.

오늘도 다영이는 어린이집에서 소영이를 데리고 집으로 돌아왔다. 여느 날처럼 집은 텅 비어 있었다. 다만 다른 점이 있다면, 반겨 주는 사람 없는 집이 오늘따라 더욱 어둑하고 썰렁하게 느껴졌다는 것이다.

"언니! 엄마 보고 싶어. 나 오늘 그림을 잘 그렸다고 선생님한테 칭찬받았어. 빨리 보여 주고 싶은데, 엄마 언제 와?"

"엄마 오려면 아직 멀었잖아. 알면서 뭘 물어."

평소와 달리 다영이의 목소리가 퉁명스러웠다.

"피!"

소영이가 입을 삐죽거리더니 다영이를 조르기 시작했다.

"언니! 우리 엄마한테 가서 저녁 먹자! 나 엄마 보고 싶단 말이야."

"안 돼! 엄마가 식당에 자주 오지 말라고 그랬잖아."

"우리 자주 안 가잖아? 저번에 한 번 가고 안 갔잖아. 응? 가자!"

소영이는 다영이의 손을 잡고 흔들었다.

"그럼……. 가 볼까……."

오늘은 다영이도 유난히 엄마가 보고 싶었다. 저녁을 차리고, 설거지를 하기도 귀찮았다. 잠시 망설이던 다영이는 소영이의 손을 잡고 집을 나섰다. 엄마가 일하는 식당은 집에서 그리 멀지 않았다. 식당에 다다른 다영이는 문 앞에서 안을 들여다보았다. 저녁 시간이라 그런지 가게 안이 손님들로 북적였다.

다영이가 선뜻 들어서지 못하고 있는데, 소영이가 냉큼 가게로 들어가며 엄마를 불렀다. 다영이도 소영이 뒤를 따랐다.

"어머! 소영이 웬일이야?"

"언니랑 엄마 보러 왔어."

"엄마 조금 있으면 집에 갈 텐데, 뭐 하러 왔어."

엄마가 주인아주머니의 눈치를 살폈다. 다영이는 엄마가 난처해하고 있다는 것을 단박에 알아챘다.

"어머나! 소영이랑 다영이 왔구나. 잘 왔다."

다행히 주인아주머니는 두 아이를 반갑게 맞아 주었다.

"여기 빈자리에 앉아라. 우리 소영이랑, 다영이 뭐 먹을래? 불고기 먹을래?"

다영이와 소영이가 자리를 잡고 앉자 주인아주머니는 음식을 이것저것 차려 주었다.

"엄마! 이리 와! 같이 먹자!"

어린 소영이가 눈치 없이 엄마를 불렀다.

"엄마는 지금 바빠서 안 돼. 얼른 먹고 집에 가 있어. 엄마 금방 갈게. 알았지?"

그 후 엄마는 더는 두 딸에게 신경을 쓰지 못했다. 다영이는 테이블 사이를 바쁘게 오가는 엄마를 바라보았다. 밥상에는 맛있는 음식이 많았지만, 조금도 맛있게 느껴지지 않았다.

다영이는 소영이가 밥을 다 먹자마자 기다렸다는 듯이 자리에서 일어섰다. 다영이의 밥그릇에는 밥이 반도 넘게 남아 있었다.

"벌써 가려고? 어머! 다영아. 밥을 왜 이렇게 안 먹었어? 맛이 없니?"

"아니에요. 배가 별로 안 고파서요. 엄마, 우리 가!"

다영이는 소영이의 손을 잡아끌며 서둘러 가게를 나섰다.

'괜히 왔어! 그냥 집에 있을걸.'

엄마를 보고 난 뒤 다영이의 마음은 더욱 울적해졌다. 다영이는 밤거리를 느릿느릿 걸었다. 또다시 텅 빈 집으로 들어가고 싶지 않았다.

"언니! 우리 집 저쪽이야?"

"알아. 근데 집에 안 갈 거야."

다영이는 소영이의 작은 손을 꼭 쥐며 대답했다.

마음을 나누는 방법

다영이의 발길이 멈춘 곳은 준호네 집 앞 놀이터였다. 집으로 돌아가기 싫었지만 소영이를 데리고 마땅히 갈 곳도 없었다. 그때 문득 떠오른 곳이 여기였다.

"우와! 언니, 이 놀이터 되게 좋다."

"그렇지? 네가 좋아할 줄 알았어."

"신 난다! 난 그네 탈래."

소영이는 냉큼 달려가 그네에 올라앉았다. 다영이는 소영이가 탄 그네를 밀어 주었다. 밤이라 그런지 삐걱거리는 그네 소리가 크게 들렸다. 그런데 저만치에서 누군가 다영이와 소영이를 물끄러미 쳐다보더니 그네 쪽으로 성큼성큼 다가왔다.

'누, 누구지? 왜 우리 쪽으로 오는 걸까?'

다영이는 겁이 더럭 났다. 하지만 다가온 사람은 다영이가 아는 얼굴이었다.

"경비 할아버지!"

"누군가 했더니, 준호랑 찬민이의 친구로구나?"

할아버지는 용케도 다영이의 얼굴을 기억하고 있었다.

"같이 있는 이 꼬마 아가씨는 누구냐?"

"이히히. 나 아가씨 아닌데. 난 소영인데."

"제 동생이에요."

"오호. 자매가 사이좋게 놀러 나왔구나."

할아버지는 따뜻한 눈길로 두 아이를 쳐다보았다. 그러더니 아예 옆 그네에 앉아 말을 붙이기 시작했다.

"저녁은 먹었니?"

"네."

"네 이름이……."

"다영이에요."

"오! 마음처럼 이름도 예쁘구나."

"예? 절 잘 모르시면서……."

"하나를 보면 열을 아는 법이지. 동생을 잘 돌보는 걸 보면 마음씨가 예쁜 게 분명해."

할아버지의 목소리는 다정했다. 다영이는 할아버지의 말에 얼굴이 붉어졌다.

"아니에요. 그냥 엄마, 아빠가 늦게 오시니까 같이 있는 거죠."

말은 그렇게 했지만 다영이는 할아버지의 칭찬이 싫지 않았다.

'이상한 할아버지라고 생각했는데, 그렇지도 않네.'

다영이는 곤두세운 경계심을 누그러뜨렸다. 바로 그때 소영이가 말했다.

"언니! 나 미끄럼틀 타러 갈래."

소영이가 그네에서 풀쩍 뛰어내려 미끄럼틀로 달려갔다. 다영이는 소영이가 내린 그네에 걸터앉았다. 다영이는 그네에 앉아서 앞뒤로 흔들거리며 소영이가 미끄럼틀로 올라가는 모습을 말끄러미 바라보았다.

"꿈결처럼 푸근한 밤이로구나. 이런 밤에는 답답한 집 안보다 밖에 있고 싶은 법이지."

"정말 그래요."

그렇게 다영이는 할아버지와 이야기를 두런두런 나누기 시작했다. 이야기는 자연스럽게 준호와 찬민이의 고민에 대한 것으로 넘어갔다.

"준호는 고민을 조금 덜어 낸 모양이지만, 찬민이는 어떻게 됐는지 모르겠구나."

"어! 아직 찬민이 얘기 못 들으셨어요?"

"무슨 일이 있었니?"

"찬민이는 힘들어서 죽을 뻔했대요."

"저런! 왜?"

다영이는 할아버지에게 찬민이의 일을 들려주었다. 할아버지는 귀를 기울이며 다영이가 편안하게 이야기할 수 있도록 중간중간 맞장구를 치며 들었다. 그 덕분인지 다영이는 시간이 지날수록 할아버지와 이야기를 나누는 것이 즐겁게 느껴졌다. 나이 많고 낯선 할아버지가 아니라 꼭 친한 친구와 이야기를 나누는 기분이었다.

"솔직히 찬민이는 행복한 고민을 하는 거라고 생각해요. 나처럼 잔소리를 못 듣는 애도 있는데……."

"허허! 넌 착해서 잔소리를 전혀 안 듣는 모양이구나."

"그게 아니라 엄마, 아빠가 바빠서 잔소리할 시간도 없는 거예요. 얼굴을 볼 시간도 없고, 얘기 나눌 시간도 없고……."

다영이의 얼굴이 어두워졌다. 재잘대던 작은 입도 꼭 닫혔다. 한동안 놀이터에는 그네가 삐걱거리는 소리만이 들렸다.

"다영아!"

할아버지의 목소리를 더할 수 없이 따뜻했다.

"꼭 자주 보고, 많은 이야기를 해야만 마음을 나눌 수 있는 게 아니란다."

다영이는 '그럼요?' 하고 묻듯이 할아버지를 향해 고개를 돌렸다.

"부모님이 바쁘셔서 얘기할 시간이 없다면 '교환 일기'를 한번 써 보는 게 어떻겠니?"

"교환 일기요?"

"그래. 엄마, 아빠한테 하고 싶은 이야기를 글로 적어서 전하는 거야."

"소용없어요."

다영이는 고개를 가로지었다.

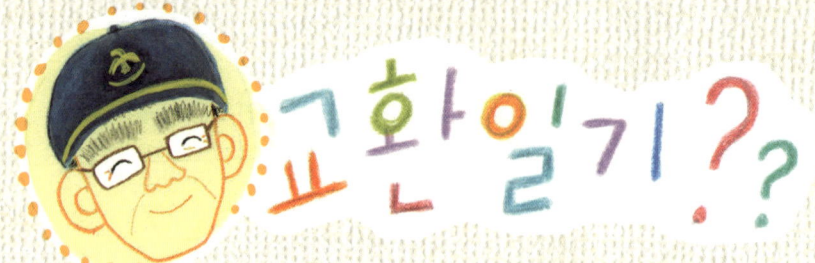

"우리와 말할 시간도 없는데, 그걸 읽고 답장을 써 줄 시간이 어디 있겠어요."

"글쎄다. 속는 셈 치고 한번 해 보는 게 어떠냐?"

하지만 다영이는 고집스럽게 도리질을 했다.

'기껏 써서 전해 줬는데, 답장을 해 주지 않으면? 슬퍼서 견딜 수 없을 거야.'

다영이가 이런 생각을 하고 있는데 소영이가 달려왔다.

"언니! 우리 시소 타자!"

"안 돼! 이제 그만 집에 가야 해. 늦었어."

다영이는 그네에서 일어났다.

"할아버지. 저 그만 집에 갈게요."

"그래. 둘 다 조심해서 가거라! 자, 난 이제 그네를 제대로 한번 타 볼까?"

할아버지는 인사말을 건네고는 그네를 타기 시작했다. 다영이는 소영이의 손을 잡고 놀이터를 나섰다.

"헤헤. 할아버지가 그네를 타네! 이상해!"

"그래. 좀 이상해. 근데 좋은 할아버지야."

다영이는 진심으로 그렇게 생각했다.

놀이터에서 실컷 뛰어놀아서인지 소영이는 집으로 돌아오자마자 잠이 들었다. 그 곁에서 다영이는 새 공책을 노려보며 연필 끝을 잘근잘근 씹고 있었다.

'교환 일기라……. 그냥 쓰기만 하는 거야. 절대 보여 주진 말아야지. 어차피 지금 달리 할 일도 없잖아?'

마침내 다영이는 엄마, 아빠에게 하고 싶은 이야기를 글로 쓰기 시작했다. 부모님께 보여 주지 않을 거라고 생각했기에 더욱 솔직할 수 있었다.

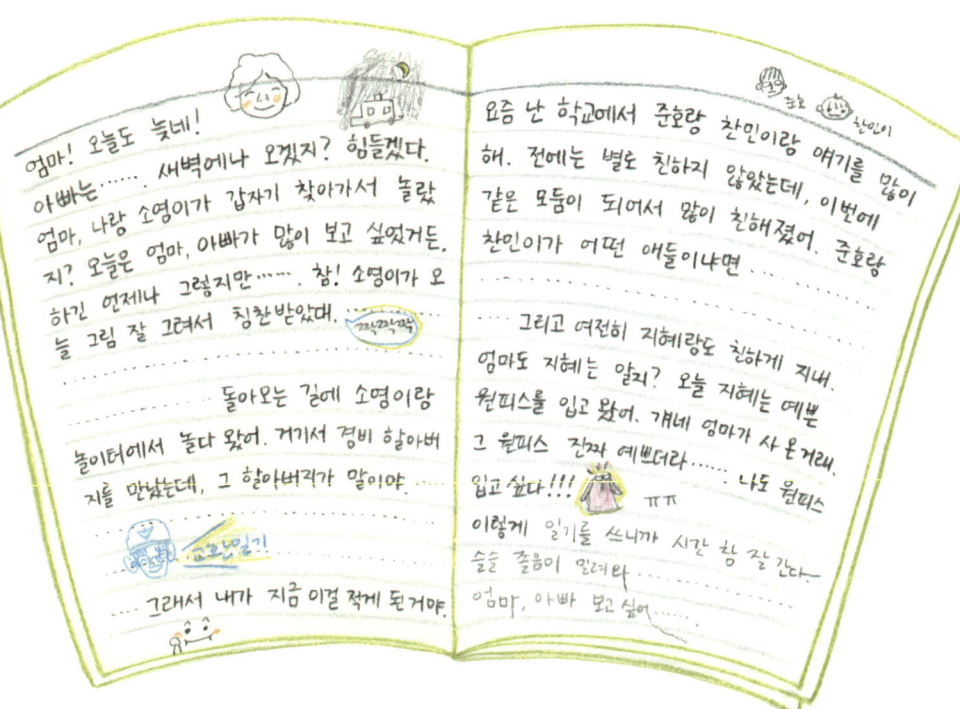

한참 뒤, 또박또박하던 다영이의 글씨가 점점 지렁이를 닮아 갔다. 연필이 손에서 떨어져 도르르 굴렀다. 다영이는 엎드린 채 소르르 잠이 들었다.

나를 아이 취급하지 말아 줘!

집으로 돌아온 다영이 엄마는 엎드린 채 잠든 다영이를 바로 눕혀 주었다.

"얘가 숙제를 하다 잠들었나 보네."

무심히 공책을 덮으려던 엄마의 눈에 "엄마!"라는 글자가 흘깃 스쳤다. 엄마는 공책을 들고 안방으로 건너갔다. 천천히 공책에 쓰인 글을 읽기 시작했다. 재잘대는 다영이의 목소리가 또렷이 들리는 것 같았다. 엄마 입가에 슬며시 미소가 떠올랐다. 눈에는 눈물이 그렁그렁 맺혔다.

이튿날 아침, 다영이는 엄마가 부르는 소리에 잠에서 깼다. 잠에서 깬 다영이의 얼굴이 뾰로통했다.

"대체 어제 몇 시에 온 거야? 그 식당은 왜 그렇게 끝나는 시간이 날마다 달라?"

"어제는 유난히 손님이 많았어."

"그래서 우리가 간 게 귀찮았어?"

그토록 내내 그립던 엄마였는데 막상 얼굴을 대하니 서운한 마음이 먼저 되살아났다. 말도 자꾸만 뾰족해졌다.

"무슨 말을 그렇게 해. 엄마도 우리 딸들이 얼마나 보고 싶었는데."

"흥! 말로만 보고 싶지."

다영이는 못마땅하다는 듯 대꾸하며 자리에서 일어났다.

"얼른 준비해. 늦겠다."

엄마가 방을 나간 뒤 다영이는 책가방을 싸기 시작했다.

"어! 이건……. 앗! 이게 왜 책상 위에 있지?"

다영이는 문득 지난밤 교환 일기를 쓰다가 잠들어 버린 것이 떠올랐다. 다영이의 가슴이 두방망이질을 치기 시작했다.

'엄마, 아빠가 이걸 봤을까? 답장을 써 줬을까?'

다영이는 떨리는 손으로 공책을 펼쳤다.

사랑하는 큰딸, 다영아!

엄마야! 많이 힘들지?

소영이 돌보고, 집안일도 거들어 주고. 엄마는 우리 다영이가 얼마나 고마운지 몰라. 세상에 둘도 없는 기특하고 착한 우리 딸……. 다영이 덕분에 엄마, 아빠는 안심하고 밖에서 일을 할 수 있단다. 엄마는 밖에 나가서도 다영이랑 소영이 생각뿐이야. 우리 예쁜 딸들만 생각하면 힘이 나고, 밥을 안 먹어도 배불러.

준호도 찬민이도 모두 좋은 친구들 같구나. 특히 찬민이는 참 재미있는 아이 같더라? 우리도 찬민이네처럼 역할극을 한번 해 볼까? 난 다영이 같은 엄마의 딸이라면 백 번 해도 좋을 것 같다.

그리고 이번 주말에 엄마랑 예쁜 원피스를 사러 가자. 이래 봬도 엄마가 아가씨 때는 멋쟁이였어. 이번에는 엄마의 패션 센스를 제대로 한 번 보여 주지.

다영아! 너와 많은 시간을 함께하지 못해서 미안해. 엄마도

늘 그게 속상했는데, 이렇게라도 마음을 나눌 수 있어서 참 좋구나. 우리 다영이가 말만 잘하는 줄 알았더니, 글도 참 잘 쓰네. 꼭 곁에서 이야기를 듣는 것처럼 재미났어. 다음에도 재미난 이야기를 또 들려주렴.

공책에는 엄마의 글이 쓰여 있었다. 그게 다가 아니었다.

다영 씨! 사랑합니다.
아빠는 글 솜씨가 없어서 길게 쓰지는 못한다. 하지만 우리 딸 다영이를 사랑하는 마음만은 우주 최고라는 걸 알아주렴. 이 마음을 뽀뽀로 대신하고 자러 간다.

엄마의 글 아래에는 아빠의 답장도 쓰여 있었다. 그러고 보니, 잠결에 거칠한 것이 볼을 찔러서 얼굴을 쓰다듬었던 게 어렴풋이 떠올랐다.

"하하! 아빠가 뽀뽀해 줄 때 닿은 수염이었구나."

다영이는 한걸음에 안방으로 달려갔다. 아빠가 코를 드르렁드르렁 골며 자고 있었다. 다영이는 아빠의 볼에 입을 '쪽!' 맞췄

다. 그러고는 부엌에서 아침을 준비하는 엄마에게 갔다.

"엄마!"

다영이는 뒤에서 엄마를 꼭 끌어안았다. 엄마의 등에 코를 박고는 엄마 냄새를 실컷 맡았다. 언제 맡아도 기분 좋아지는 엄마 냄새를…….

점심시간에 네 아이들은 준호의 책상 주위에 옹기종기 모여 앉았다. 준호는 전과 비교해 훨씬 활기찬 모습이었다. 찬민이는 예전이나 지금이나 여전히 부산스러웠다. 그리고 다영이는 그 누구보다도 환한 얼굴이었다. 아이들은 숙제를 의논하기 시작했다.

그런데 지혜가 한마디도 하지 않았다. 본래 말이 많은 편은 아니지만, 오늘은 유난히 말이 없었다. 표정도 잔뜩 어두웠다.

'지혜에게 무슨 일이 있구나.'

준호와 다영이는 낌새를 채고 자꾸만 지혜의 얼굴을 살폈다. 물론 눈치 없는 단 한 친구만은 예외였다.

"너희는 왜 말을 안 하고 지혜 얼굴만 보냐? 예쁘지도 않는데."

찬민이가 농담을 던졌다. 그러자 준호는 찬민이의 옆구리를 팔

꿈치로 쿡 찔렀다. 그런 다음 고갯짓으로 지혜를 슬쩍 가리켰다.

"으악! 깜짝이야. 왜 그래? 뭐? 지혜를 보라고? 봤다. 왜?"

"어휴! 넌 왜 그렇게 눈치도 없냐?"

결국 다영이가 핀잔을 주었다. 그제야 찬민이도 상황을 알아차렸다.

"지혜야. 너 무슨 일 있냐?"

찬민이의 말에 지혜가 얼굴을 찌푸렸다.

"어라! 정말 무슨 일이 있는 모양이네? 뭔데 그래?"

지혜의 반응에 찬민이가 꼬치꼬치 캐묻기 시작했다.

"아! 뭔데 그래? 똥폼 잡지 말고 말해 봐. 어? 뭐냐니까? 뭐야? 뭐?"

찬민이가 자꾸만 물어 대자 지혜는 얼굴을 더욱 찌푸렸다. 그러고는 귀찮다는 듯 말을 뱉었다.

"엄마한테 따귀 맞아서 그런다. 됐냐?"

지혜는 벌떡 일어나 제자리로 돌아가 버렸다. 세 아이는 너무 놀라서 입을 딱 벌렸다. 한편 자기 자리에 앉은 지혜는 뺨에 가만히 손을 댔다. 아픔이 가신 지는 오래였지만, 그 순간의 충격은 가슴에 고스란히 남아 있었다.

지혜와 엄마의 관계가 삐걱거리기 시작한 건 올여름부터다. 엄마가 하는 말, 행동 모든 것이 무더운 날씨만큼이나 지혜를 짜증나게 했다.

여름이 지나고 선선한 가을이 되면서 지혜는 부쩍 혼자 있는 시간이 좋았다. 이런저런 공상을 하고, 음악도 듣고, 혼자 글을 끄적거리기도 하는 시간. 문제는 이런 시간을 엄마가 자꾸만 방해한다는 것이다. 게다가 머리를 묶는 것부터 옷을 입는 것까지 엄마는 사사건건 참견했다. 지혜는 그게 못 견디게 싫었다.

지난밤에도 지혜는 책상에 앉아 귀에 이어폰을 꽂고 라디오를 듣고 있었다.

'어! 내가 좋아하는 노래다!'

지혜는 가만히 눈을 감고 음악에 빠져들었다. 달콤한 목소리와 슬픈 노랫말이 지혜의 가슴을 아릿하게 만들었다. 노래에서 지혜가 가장 좋아하는 클라이맥스가 막 시작될 즈음이다. 누군가 이어폰을 귀에서 확 잡아 뺐다.

"이어폰을 오래 끼고 있으면 귀에 안 좋아. 노래를 듣고 싶으면 스피커로 들어."

바로 엄마였다. 느닷없는 방해에 지혜는 짜증이 확 치밀었다.

"뭐야? 왜 이래!"

"너 걱정해서 이어폰으로 듣지 말라고 한 건데 뭘 그렇게 성질을 내!"

"내가 알아서 해. 그리고 남의 방에 들어올 때는 노크 좀 해."

"어머! 너랑 엄마가 남이야?"

"내가 엄마는 아니잖아."

지혜는 엄마 손에 들려 있는 이어폰을 사납게 잡아챘다.

"얘가 정말! 너 요즘 왜 그래? 사춘기니?"

지혜는 대꾸하기도 귀찮다는 듯 고개를 돌리고 다시 이어폰을 귀에 꽂았다.

"나가. 방해하지 말고."

엄마는 지혜에게 한소리를 하려다가 꾹 참고는 방을 나갔다. 지혜는 라디오의 볼륨을 높였다. 하지만 그사이 좋아하는 노래는 끝나 버리고, 광고가 흘러나오고 있었다.

그리고 이튿날 아침, 그러니까 바로 오늘 아침에 결국 일이 터지고 말았다. 지혜가 학교에 가기 위해 옷을 갈아입고 있는데 방문이 벌컥 열렸다. 역시나 엄마였다.

"노크 좀 하고 들어오라고 했잖아!"

지혜가 쏘아붙였지만, 엄마는 대수롭지 않은 얼굴로 방으로 들어왔다. 옷장을 뒤지더니 치마 하나를 꺼냈다.

"오늘은 날씨 따뜻하니까 이 치마를 입고 가. 올가을에 이 옷을 한 번도 안 입었잖아. 내년 되면 작아서 못 입어."

"난 치마 싫어."

"왜 싫어? 넌 다리가 길고 예뻐서 치마가 얼마나 잘 어울리는데."

"글쎄 난 그 옷이 싫어. 왜 옷도 내 마음대로 못 입게 해?"

지혜가 화를 냈지만 엄마는 그걸 투정 정도로만 여겼다.

"내 새끼가 요즘 왜 이렇게 심술을 부릴까? 엄마 말 들어. 네

가 치마 입은 모습을 보고 싶단 말이야."

엄마는 어르듯 말하며 지혜를 끌어안았다. 하지만 지혜는 몸을 뒤틀어 엄마 품에서 벗어났다.

"내가 아기 취급하는 거 싫다고 했지! 이딴 옷 정말 싫다고!"

지혜가 치마를 집어 들어 구석에 놓여 있는 쓰레기통 속에 처박아 버렸다.

"너 미쳤어? 이게 무슨 짓이야!"

엄마가 눈을 부릅떴다. 지혜도 엄마를 마주 노려보았다.

"내가 엄마 인형이야? 난 생각이 없어? 난 좋고 싫은 게 없느냐고? 남의 일에 참견 좀 하지 마!"

그때였다. 엄마가 지혜의 뺨에 손을 댄 건. "짝!" 소리가 크게 났다. 지혜는 울지 않았다. 화도 내지 않았다. 오히려 차분하게 가라앉은 목소리로 엄마에게 말했다.

"나가. 내 방에서."

그날 학교 수업이 끝나고, 집으로 돌아온 지혜는 방에 콕 처박혔다. 똑똑. 노크 소리가 났다. 잠시 후 엄마의 목소리가 들렸다.

"지혜야. 엄마랑 얘기 좀 할래?"

지혜는 대답하지 않았다. 엄마는 차마 방문을 열고 들어오지 못했다. 지혜는 늦도록 음악을 듣다가 잠자리에 누웠다. 밤이 깊었는데도 잠이 오지 않았다. 그런데 다시 노크 소리가 똑똑 났다.

"지혜야. 자니?"

이번에는 엄마가 방문을 열고 들어왔다. 지혜는 눈을 꼭 감아

버렸다. 엄마가 살그머니 침대에 걸터앉는 기척이 느껴졌다.

"엄마가 미안해! 우리 딸 얼굴에 손을 대다니……. 엄마가 잠깐 정신이 어떻게 됐나 봐. 우리 딸이 날 밀치고, 엄마를 남이라고 하는 말에 그만……."

엄마는 흐느끼고 있었다.

"우리 딸이랑 어쩌다 이렇게 됐을까? 전에는 이렇지 않았는데……. 네가 너무 달라져서…… 낯설어져서…… 엄마는 어떻게 해야 좋을지 모르겠어."

엄마는 지혜가 듣고 있는 것을 아는지 모르는지 울음 섞인 목소리로 띄엄띄엄 말을 이었다. 마지막으로 지혜의 뺨을 살포시 쓰다듬고는 방을 나갔다. 지혜는 이불을 덮고 생각했다.

'그렇지. 미안하다면서도 결국은 내 탓이라지. 내가 달라져서, 내가 사춘기라서!'

엄마에 대한 지혜의 마음은 차고 딱딱하게 굳어만 갔다.

이튿날 아침, 엄마는 지혜가 좋아하는 음식들로 식탁을 차렸다. 지혜가 학교에 갈 때면 늘 하던 '이 옷 입고 가라!'는 참견도 하지 않았다.

"차 조심하고, 잘 다녀와!"

엄마는 집을 나서는 지혜에게 밝은 목소리로 인사말을 건넸다. 지혜가 학교 수업을 마치고 집에 돌아오자, 엄마는 또다시 다정하게 말을 붙였다. 물론 지혜는 대꾸조차 하지 않고 방에 틀어박혔다.

지혜는 알고 있었다. 엄마가 자신에게 사과를 건네고 있다는 것을. 하지만 그걸 받아들이고 싶지 않았다. 다시 전처럼 간섭받고, 방해받는 게 싫었다. 그렇게 며칠이 흘렀다. 학교에서도 지혜의 얼굴은 어둡기만 했다.

"지혜, 요새 왜 저렇게 똥 씹은 얼굴이냐? 무서워서 말을 못 붙이겠네."

"어휴! 너는 말을 해도 왜 그렇게 지저분하게 하냐?"

찬민이의 말에 다영이가 눈을 흘겼다.

"뺨 맞은 다음부터 그렇지? 하긴…… 그 일이 좀 충격적이긴 했지."

준호의 말에 다영이가 고개를 끄덕이며 걱정 어린 얼굴로 말했다.

"지혜가 엄마랑 사이가 점점 나빠지는 것 같아서 큰일이야. 뭐 좋은 방법이 없을까?"

세 아이는 저마다 생각에 잠겼다. 잠시 뒤, 머리를 맞대고 지혜의 고민을 해결할 방법을 의논하기 시작했다.

토요일 오후다. 지혜는 준호네 집 앞 놀이터 정자에 앉아 친구들을 기다렸다. 사회 시간에 내 준 모둠 숙제를 제출해야 하는 시간이 다음 주로 훌쩍 다가와 있었다. 설문지로 친구들의 고민은 대충 알아냈지만, 아직도 고민을 해결할 방법을 찾는 일이 남아 있었다.

'2시까지 모이기로 했는데 왜 안 오지?'

지혜는 친구들을 기다리며 놀이터에서 놀고 있는 아이들의 모습을 지켜보았다. 서너 명의 꼬맹이들이 소리를 지르며 놀이 기구 사이를 이리저리 뛰어다녔다. 그런데 그 가운데 한 꼬마가 우뚝 멈춰 서더니 주위를 두리번거렸다.

"엄마! 엄마!"

아이는 엄마를 찾았다. 아이는 엄마가 나타나지 않자 당황하며 이리저리 둘러보더니 울음을 왈칵 터뜨렸다. 그때 한 아줌마가 놀이터 저쪽에서 걸어오며 "지혜야!" 하고 불렀다. 지혜는 저도 모르게 움찔했다. 그와 동시에 울고 있던 아이가 "엄마!" 하

고 달려갔다.

'흥! 저 꼬마의 이름도 지혜였구나. 지혜⋯⋯. 하긴 흔한 이름이지.'

지혜는 엄마 품에 안긴 채 언제 울었냐는 듯 까르르 웃는 꼬마의 모습을 물끄러미 쳐다보았다. 저도 모르게 엄마가 떠올랐다. 지혜는 그 생각을 떨쳐 내려는 듯 꼬마에게서 눈길을 돌렸다. 그런데 더 반갑지 않은 사람이 눈에 들어왔다. 바로 이상한 경비 할아버지다!

"준호랑, 찬민이, 다영이 친구로구나. 네 이름이⋯⋯ 아마 지혜였지?"

'이 할아버지가 어떻게 네 이름까지?'

지혜는 당황했지만 금세 냉정한 표정을 되찾았다.

"그런데 왜요?"

"친구들을 기다리니?"

쌀쌀맞은 지혜의 대꾸에도 할아버지의 말투는 느긋하고 살가웠다.

"표정이 어둡구나."

'그게 할아버지랑 무슨 상관인데요?'

지혜는 속으로 대꾸하며 고개를 휙 돌렸다. 그건 누가 봐도 '이야기를 나누고 싶지 않아요.'라는 표현이었다. 그런데 할아버지는 지혜 곁에 자리를 잡고 앉았다. 빨갛게 물든 단풍나무를 바라보며 할아버지는 혼잣말 같은 이야기를 시작했다.

"세월은 참 빨라. 아기는 눈 깜짝할 새 어린이가 되고, 어린이는 또 금세 청소년이 되고, 그러다 어른이 되고……. 나중에는 나처럼 노인이 되니까."

'이 할아버지가 지금 무슨 말을 하려는 거야?'

지혜는 신경을 곤두세웠다. 한편으로는 할아버지가 무슨 말을 하려는 건지 아주 조금 궁금하기도 했다.

"그게 어찌나 금방인지 사람들은 자기가 어느새 자랐는지, 달라졌는지 미처 느끼지도 못한단다. 특히나 부모님은 자식이 자랐다는 걸 더욱 모르지. 그러니 '여든 먹은 어머니가 예순 살 아들에게 길 조심하고, 차 조심해라 한다'는 우스갯소리도 있지."

"저한테 무슨 말씀을 하시고 싶은 건데요?"

지혜는 대놓고 물어보기로 했다. 지금 지혜의 마음은 낯선 할아버지의 알아듣지도 못할 말을 듣고 있을 만큼 편하지 않았으니까.

"화가 나니?"

"네. 화나고, 짜증이 나요."

지혜는 솔직하게 말했다.

"그럴 때는 말이다. 먼저 속으로 숫자를 한번 세어 보렴. '하나, 둘, 셋' 하고 천천히 세면서 그때마다 숨을 한 번씩 들이쉬고 내쉬는 거야. 그다음에는 상대가 왜 그런 말을 했을지 잠시 생각해 보렴."

할아버지의 말처럼 천천히는 아니고, 지혜는 씩씩대며 숨을 골랐다. 지혜는 저도 모르게 '이 할아버지가 나한테 왜 이런 말을 하는 거지?'란 생각을 하고 있었다.

"엄마와 나란히 앉아서 앨범을 한번 들여다보렴. 그냥 좋았던 추억을 되새겨 보라는 게 아니다. 그걸 보면 지금 너의 모습을 바로 볼 수 있을 거야."

지혜는 자리에서 발딱 일어섰다. 얼굴이 붉으락푸르락했다.

"어떻게 된 건가 했더니…… 기가 막혀서. 애들이 그래요? 내가 엄마랑 사이가 안 좋다고? 그래서 짜증만 부리고 이상하게 변했으니까 방법을 알려 주라고요?"

"정확히 말하면, 네 친구들은 내게 '지혜가 엄마 때문에 고민

이 있어요. 도와주세요.'라고만 말했단다."

"그런데 할아버지가 내 상황을 어떻게 다 알아요?"

"내겐 마음을 보는 안경이 있거든."

"뭐래? 짜증 나. 누굴 지금 바보로 아는 거야?"

지혜는 버릇없는 말을 마구 내뱉었다. 그게 잘못인 건 알았지만 지혜는 걷잡을 수 없이 화가 났다.

마음을 보는 안경

지혜가 놀이터를 나서는데 저만치에서 친구들이 달려왔다.

"혹시 할아버지를 만났니?"

"그 할아버지가 너한테도 고민을 해결하는 방법을 알려 줬냐?"

준호와 찬민이가 차례로 물었다. 지혜는 무시무시한 표정으로 친구들을 노려봤다.

"누가 내 얘기를 함부로 하고 다니래? 내가 엄마한테 뺨 맞은 이야기를 왜 너희 멋대로 낯선 할아버지에게 말해!"

지혜는 몹시 화가 나 있었다. 친구들은 당황한 표정이 되었다.

"아니야! 지혜야. 그런 말까지는 안 했어. 우리는 그냥 네가 힘들어하는 것 같아서……. 그 할아버지라면 널 도와줄 수 있을 것 같아서……."

"지금 나더러 그 말을 믿으라는 거야? 내가 언제 너희더러 도와 달라고 했어?"

다영이의 말에도 지혜는 불같이 화를 냈다. 지혜는 찬바람을 일으키며 친구들 곁을 떠나 버렸다.

"어쩜 좋아. 지혜 정말 화가 많이 났나 봐."

다영이는 안절부절못했다.

"뭔가 단단히 오해한 모양이야."

"쳇! 일이 이상하게 꼬여 버렸네."

준호와 찬민이도 씁쓸한 표정으로 멀어지는 지혜를 바라보며 중얼거렸다.

그 일이 있은 뒤, 지혜는 학교에서도 친구들과 어울리지 않았다. 다영이가 쉬는 시간마다 지혜 자리로 다가와 오해를 풀기 위해 애썼지만 소용없었다. 준호와 찬민이도 쭈뼛대며 다가와 이런저런 말을 붙였지만, 지혜는 눈길도 주지 않았다.

집에서도, 학교에서도 지혜는 누구의 방해와 간섭을 받지 않

고 혼자만의 시간을 보냈다. 하지만 오롯이 혼자라고 할 수는 없었다. 머릿속에 끊임없이 엄마와 친구들이 떠올랐으니까. 지혜는 사실 알고 있었다.

'비록 방식은 끔찍했지만, 다들 날 위하는 마음에서 그랬다는 걸 알아. 근데 난 그걸 알면서도 왜 이렇게 엄마와 친구들에게 화를 내는 걸까? 박지혜, 너 이렇게 속 좁은 아이였니?'

시간이 점점 지나면서 지혜는 자기 자신에게도 화가 났다. 무엇보다 자신의 눈치를 살피며 마음에 들기 위해 애쓰는 엄마와 친구들의 모습이 마음을 무겁게 했다.

'하지만 어떻게 해야 할지 모르겠어. 이제 와서 아무 일도 없었다는 듯이 대하는 것도 바보 같잖아.'

그러던 어느 날 밤이었다. 지혜가 물을 마시려고 방에서 나왔는데, 거실에 앉아 있던 엄마가 지혜를 불렀다.

"아직 안 잤니? 너도 여기 와서 이것 좀 볼래? 하하하. 오랜만에 보니까 정말 재미있다."

지혜는 엄마를 쳐다봤다. 놀랍게도 엄마는 앨범을 들여다보고 있었다. 지혜의 마음이 마구 흔들렸다. 망설이는 지혜를 엄마가 손짓으로 다시 불렀다.

"이리 와 봐! 얼른."

"뭔데 그래?"

결국 지혜는 못 이기는 척 엄마 곁으로 다가갔다. 엄마 옆에 털썩 앉아서 지혜는 앨범을 보기 시작했다.

아기 지혜가 고운 색동옷을 입고 한 손에는 연필을, 다른 손으로는 엄마의 한복 옷고름을 꼭 쥐고 있었다. 지혜의 돌 사진이다.

"이때는 네가 어찌나 엄마를 찾았는지. 잠시라도 엄마 품에서 떨어지면 울고불고 난리였는데……."

지혜는 엄마의 말을 못 들은 척하며 앨범을 빼앗아 휙휙 넘겼다. 엄마 품에 안겨서 웃고 울던 아기 시절의 사진이 지나가고, 유치원 무렵의 사진이 나왔다. 사진 아래쪽에는 어버이날에 지혜가 만든 것으로 보이는 종이 카네이션이 끼워져 있었다.

"이때 네가 아빠 꺼는 안 만들어 오고, 엄마 꺼만 만들어 와서 아빠가 무지 서운해했던 것 기억나?"

"내가 그랬나?"

엄마의 말에 지혜는 심드렁하게 대꾸하며 얼른 뒷장으로 넘겼다. 거기에는 엄마 생일날에 지혜가 쓴 카드가 꽂혀 있었다. 카드의 맨 끝줄에 삐뚤빼뚤 쓰인 "엄마 사랑해! 난 엄마가 제일

좋아!"라는 글자가 눈에 뜨였다.

지혜는 다시 앨범을 넘겼다. 뒤로 갈수록 언니, 오빠처럼 젊었던 엄마, 아빠의 모습이 아줌마, 아저씨처럼 바뀌어 갔다. 꼬마 지혜는 어린이 지혜로 자라 있었다. 그리고 또 한 가지 변화가 있었다. 지혜가 더는 엄마 품에 안겨 있지 않는다는 것이다.

앨범의 마지막 장에 꽂혀 있는 건 얼마 전 지혜의 생일날에 찍은 사진이었다. 사진 속의 지혜는 고깔모자를 씌워 주려는 엄마의 손길을 귀찮다는 표정으로 밀치며 얼굴을 찌푸리고 있었다. 바로 그때 엄마가 말했다.

"왜 그렇게 빨리 넘기니? 좀 자세히 보고 싶구만."

"뭐! 별것도 없는데."

지혜는 시큰둥하게 말하고는 자리에서 일어섰다. 그대로 방으로 들어가려다 말고, 뒤를 돌아보았다. 엄마는 다시 앨범을 펼쳐 보고 있었다. 방으로 들어온 지혜는 침대에 누워 이불을 덮었다. 지혜는 나직이 중얼거렸다.

"기분이 이상해!"

뭔가 말 그대로 딱 꼬집어 설명할 수 없는 기분이었다. 그건 슬픔도, 기쁨도, 하도 아니었다. 뭔가 알 수 없는 감정의 덩어리

가 마음을 주무르고 있는 것 같았다.

가슴이 울렁거렸다. 얼마나 지났을까? 노크 소리가 똑똑 작게 들렸다.

"지혜야. 자니?"

엄마가 방문을 열고 들어왔다. 지혜는 저도 모르게 눈을 질끈 감았다. 엄마의 따뜻한 손길이 이마에 느껴졌고, 보드라운 입술이 볼에 닿았다. 마지막으로 봄바람 같은 엄마의 숨결이 귀에 닿았다.

"우리 딸, 잘 자! 엄마가 매우 사랑해!"

엄마가 다시 방을 나가려고 방문을 여는 순간이었다!

"엄마, 잘 자! 나도 사랑해!"

지혜가 말했다. 엄마는 지혜의 말을 듣고 환하게 웃으며 방을 나갔다.

'으악! 닭살이야. 그냥 '잘 자'까지만 할 걸.'

지혜는 자신이 한 말이 쑥스러워 이불을 머리까지 뒤집어쓴 채 허공에 발길질을 해 댔다.

이튿날, 학교에 간 지혜는 친구들에게 먼저 인사를 건넸다. 단짝 친구의 오해에 내내 마음 졸이던 다영이는 눈물을 글썽이기까지 했다. 준호도 다행이라는 표정을 지었다. 그리고 찬민이는 이렇게 말했다.

"박지혜! 너 사춘기인가 뭔가 이제 끝났냐? 이제 갑자기 성질을 부리는 것도 다 나은 거지?"

어처구니없는 찬민이의 말에 지혜는 짜증이 불쑥 고개를 드는 것을 느꼈다.

'하나, 둘, 셋!'

지혜는 천천히 속으로 숫자를 셌다. 지혜는 숨을 고르며 찬민이의 마음을 생각해 보았다.

'저 둔한 녀석. 걱정하는 마음을 저런 식으로밖에 표현 못 하다니.'

그러자 짜증이 사라지면서 웃음이 툭 터져 나왔다. 지혜는 삐져나오는 웃음을 지그시 참으며 대꾸했다.

"아니, 나 아직 사춘기야. 또 언제 폭발할지 모르니까 조심해! 특히 한찬민!"

지혜의 장난기 어린 얼굴을 보며 준호와 다영이는 미소를 지었다. 물론 둔한 찬민이만은 실망스러운 얼굴로 이렇게 중얼거렸지만 말이다.

"쳇! 좋다 말았네."

가을도 깊어진 어느 날 오후. 준호, 찬민이, 다영이, 지혜가 놀이터 정자에 모여 앉았다. 아이들 곁에는 부쩍 가까워진 경비 할아버지도 있었다. 지혜는 할아버지에게 버릇없이 굴었던 지난번의 일을 어른스럽게 사과했다. 다영이는 할아버지에게 고맙다고 말했다.

"전 할아버지 때문에 엄청나게 고생했어요. 근데 그런 다음에 엄마의 잔소리가 좀 줄어든 것 같긴 해요."

찬민이는 원망도 고마움도 아닌 인사말을 건넸다. 그리고 준호는 내내 궁금하던 질문을 했다.

"근데 할아버지는 어떻게 우리 마음을 그렇게 잘 아세요? 우리가 조금씩 털어놓긴 했지만……. 어떻게 그 짧은 이야기만 듣고 우리 상황이며 마음을 척척 아느냐 말이에요."

"맞아요. 마음을 보는 안경이 있다는 말…… 설마 진짜는 아니죠?"

찬민이도 궁금한지 물었다.

"그게 말이 돼? 어쩌면…… 혹시 할아버지, 독심술 같은 거 익히셨어요?"

다영이의 얼굴에는 호기심이 가득했다. 지혜 역시 할아버지를 쳐다보며 눈빛으로 대답을 재촉했다.

"마음을 보는 안경이 있다는 말은…… 진짜다."

할아버지의 말에 아이들의 눈이 휘둥그레졌다. 특히 찬민이는 펄쩍 뛰어오르듯 놀랐다. 그러고는 호기심을 참지 못하고 냅다 할아버지에게 달려들었다.

"헉! 할아버지! 자, 잠깐만 실례할게요."

찬민이는 친구들이 말릴 새도 없이 할아버지의 코끝에 걸려 있는 안경을 낚아챘다. 찬민이는 냉큼 안경을 쓰고는 다영이를 빤히 쳐다봤다.

"뭐, 뭐야! 왜 날 봐. 다른 데를 쳐다보란 말이야."

다영이는 지혜의 뒤쪽으로 몸을 감췄다.

"음."

찬민이가 신음 소리를 내뱉더니 말했다.

"오다영. 지금 날 욕하고 있군."

"어머! 세상에! 진짜 보여?"

다영이는 잽싸게 찬민이의 얼굴에서 안경을 빼앗아 귀에 걸쳤다. 준호를 쳐다보며 얼굴을 찡그리더니 말했다.

"준호야! 너 지금 몹시 놀랐구나. 당장 이 안경을 써 보고 싶어서 근질근질하지?"

"이리 줘 봐!"

이번에는 준호가 안경을 빼앗아 썼다. 지혜를 보며 몇 번이나 눈을 끔쩍끔쩍하더니 웃으며 말했다.

"하하하. 박지혜! 겉으로는 안 그런 척하지만, 속으로는 얼른 이 안경을 써 봤으면 하는군."

이쯤 되자 지혜도 궁금해서 견딜 수가 없었다. 지혜는 준호가 건네는 안경을 얼른 썼다.

"으흠."

지혜는 찬민이처럼 신음 소리를 내고, 이어서 다영이처럼 인상을 썼다. 마지막으로 준호처럼 "푸하하하!" 웃음을 터뜨렸다. 그 모습에 할아버지도 다른 아이들도 모두 배꼽을 잡고 따라 웃었다.

할아버지의 안경은 그냥 돋보기안경이었다. 할아버지의 안경을 쓰자, 눈앞이 팽글팽글 돌아 마음은커녕 바로 앞의 친구 얼굴도 또렷이 보이지 않았다. 할아버지는 너털웃음을 멈추고 인자한 얼굴로 이야기를 시작했다.

"'마음을 보는 안경'은 세월이 내게 준 선물이란다. 오랜 시간 아이들과 함께한 세월 말이다. 실은 내가 몇 년 전까지 초등학교 선생님이었거든."

아이들의 놀란 얼굴을 보며 할아버지는 다시 말을 이었다.

"부모님과 갈등을 겪는 친구들은 너희뿐이 아니란다. 아주 많은 아이가 같은 문제로 고민했고, 지금도 고민하고 있지. 잔소리 때문에 괴로워하는 아이들도 외의로 많아."

할아버지는 찬민이를 보며 눈을 찡긋했다.

"그래서 할아버지가 우리 마음을 금세 알 수 있었던 거군요."

"해결 방법도 알려 줄 수 있었고요."

준호와 다영이의 말에 할아버지는 고개를 끄덕였다.

"하지만 마음을 보는 안경은 노인이 되어야만 얻을 수 있는 건 아니다. 선생님이라야 얻을 수 있는 것도 아니야."

"그럼요?"

찬민이가 물었다.

"서로 이해하려는 마음만 있으면 된단다. 엄마의 마음, 아빠의 마음, 그리고 아이의 마음을 이해하려는 마음 말이다."

"하지만 마음은 눈에 보이는 게 아니잖아요?"

지혜가 야무지게 물었다. 할아버지는 지혜의 말에 빙그레 미소 지었다.

"마음은 어떤 식으로든 겉으로 드러나기 마련이지. 말투에, 표정에, 행동에, 글에도 묻어나거든. 하지만 그걸 보려고 노력하지 않으면 아무 소용없단다."

할아버지는 지혜를 지그시 쳐다보며 말했다.

"근데 나도 궁금한 게 하나 있다. 만날 모여서 모둠 숙제 어쩌고 하던데, 그건 이제 다 끝난 거냐?"

"네. 잘 끝났어요. 할아버지 덕분에요."

"내 덕분에?"

준호의 말에 할아버지가 의아한 얼굴이 되었다.

"아이들의 고민을 조사하는 건 별로 어렵지 않았는데, 해결 방법을 찾는 게 힘들었거든요. 그래서 할아버지가 우리에게 알려 주신 방법을 써 냈어요."

다영이가 쫑알쫑알 알려 주었다. 할아버지는 그제야 알았다는 듯 웃음을 지었다.

"선생님이 폭풍 칭찬을 했어요. 기분이 정말 최고였다니까요."

찬민이의 말에 할아버지는 흐뭇한 미소를 지었다. 지혜도 할아버지를 보며 활짝 웃었다.

그 후 네 친구들은 다시 평범한 일상으로 돌아갔다. 준호는 공부하고 학원에 다니기가 힘들다며 가끔씩 한숨을 내쉬었다. 찬민이는 엄마의 잔소리가 또다시 늘어난 것 같다며 머리를 쥐어뜯었다. 다영이는 하고 싶은 말을 글로는 다 적기 어렵다며 투덜댔다. 그리고 지혜는 엄마의 참견에 종종 짜증을 부렸다.

고민은 완전히 사라지지 않았다. 하지만 네 아이는 이제 알고 있다. 엄마, 아빠가 자신을 정말로 많이 사랑한다는 것을……. 그리고 자신도 부모님을 정말로 많이 사랑한다는 것을……. 그

마음으로 서로 이해하고, 문제를 함께 해결해 나가야만 한다는 것을……. 앞으로 맞닥뜨리게 될 또 다른 고민도 말이다.

엄마 아빠의 진심을 의심하지 말아 줘

　네 친구의 이야기를 재미있게 보았니? 아마 우리 친구 마음에 한 가지 궁금증이 남아 있을 거야. 식당에 찾아온 다영이에게 엄마는 왜 "뭐 하러 왔어."라고밖에 말하지 못했을까? 어른들은 여러 가지 이유로 자신의 진짜 마음을 표현하기 어렵단다. 다영이 엄마도 '식당 주인 눈치가 보여서', '아이들 때문에 손님들이 불편해할까 봐', '다정하게 안아 주고 챙겨 주지 못하는 게 너무 미안해서' 아마 다영이와 소영이에게 이렇게밖에 말할 수가 없었을 거야. 하지만 **다영이 엄마가 진짜 말하고 싶었던 건**

이런 거였어.

"아이구, 우리 다영이 소영이 왔구나. 보고 싶었어. 밥 맛있게 먹어. 엄마는 하루 종일 너희 생각만 한단다. 빨리 가서 안아 주고 챙겨 주고 싶은 마음뿐이야. 정말 사랑해."

정말이냐고? 어떻게 알 수 있냐고? 엄마 아빠의 마음을 확인하기 어렵다면 다영이처럼 교환 일기를 써 보자. 어린이 친구들을 더없이 사랑하는 엄마, 아빠의 진심을 알게 될 거야.

솔직하게 말할 용기가 필요해

부모님께 너의 진짜 속마음을 말하는 게 어렵지? 하지만 우리가 살다 보면 항상 마음속에 고민이 생겨나게 된단다. 그럴 때마다 고민을 해결하지 않고 그대로 두면 점점 자라 마음의 폭탄이 되어 버려. 폭탄은 꼭 해체해서 안전하게 만들어야 한다는 거 알지? 그런데 막상 해체하려고 마음먹으면 누구나 똑같이 두려워진단다. 그럴 때 사람들은 둘 중 하나를 선택해. 힘들지만 용기를 가지고 폭탄을 없애는 쪽, 너무 불안하고 두려워서 그 폭탄을 그냥 모르는 체 남겨 두고 비켜 가는 쪽. 넌 어느 쪽을 선택할 거니?

그런데 그 폭탄을 해체하면 어떻게 되냐고? 신기하게도 넌 그전보다 훨씬 더 멋있게 변해 있을 거야. 이제 너는 고민이 생겨도 당당하게 해결할 방법을 알게 되었거든. 만약에 네가 그냥 모르는 체 폭탄을 비켜 가면 어떨까? 아마 그 폭탄은 불안과 두려움으로 남아서 내내 너의 마음을 짓누를 거야. 아니면 갑자기 터져 버려서 너와 소중한 사람들의 마음을 다치게 할지도 몰라.

넌 어떤 사람이 되고 싶니? 이것은 너의 선택에 달렸어. 만약 폭탄을 없앨 방법을 모를 때는 경비 할아버지의 비법을 써 봐. '마음속의 폭탄을 없애는 방법' 말이야. 아주 효과가 좋을 거야.

마음이 슬프고 힘들 때는 행복한 내 모습을 펼쳐 봐!

외롭고 슬프고 답답하고 누군가 원망스러울 때는 앨범을 꺼내 펼쳐 보렴. 앨범 속에는 네가 잊고 있던 행복한 네 모습과 점점 성장하고 있는 네가 있거든. 근데 앨범을 혼자만 보면 더 슬퍼질 수도 있어. 다시는 그런 행복한 시절이 오지 않을 것 같은 느낌도 드니까. 그러니 앨범은 꼭 엄마, 아빠랑 함께 보는 게 좋아. 그런데 엄마, 아빠와 같이 보고 싶어도 부모님이 바쁘다고 할 수도 있잖아? 그럴 때는 네가 먼저 앨범을 꺼내서 보고 있으면 돼. 행복한 기억에는 눈에 보이지 않는 힘이 있어. 강한 자석처럼 힘이 아주 세지. 곧 엄마, 아빠도 저절로 네 곁에 다가와서 사진을 보며 함께 즐거워하게 될 거야. 엄마, 아빠가 널 사랑하고 있음을 더 깊게 느끼게 되지. 그러면 네 마음의 슬픔은 저절로 물러간단다. 그런 다음 마음속에 숨어 있던 멋진 '네가' 나타날 거야. 너도 몰랐던 멋진 너를 발견하기 바라.

 가장 훌륭한 의사는 마음의 병을 예방하는 의사야!

가장 훌륭한 의사는 병을 예방하는 의사라는 말을 들어 봤니? 너도 네 마음이 아프기 전에 미리 아주 튼튼한 마음을 만드는 건 어떨까?

경비 할아버지는 네 친구에게 4가지 비법을 알려 주셨어.

① 마음의 폭탄을 없애는 방법
② 입장을 바꿔 지내는 역할극
③ 말하지 못한 채 마음속에 가둬 둔 말을 전하는 교환 일기
④ 행복한 추억이 가득 담긴 앨범을 부모님과 함께 보기

이 방법들을 꼭 특별한 문제가 있을 때만이 아니라 평소에도 자주 사용해 봐. 더 큰 효과를 볼 수 있을 거야. 하지만 방법을 알아도 실천하지 않는 친구들이 매우 많아. 왜냐고? 평소에 이렇게 행동하려면 부지런해져야 하니까. 너에게는 너를 멋지게 성장시켜 줄 약간의 부지런함이 당연히 있을 거라고 믿어!

> 사춘기,
> 싱숭생숭한 내 마음
> 왜 이럴까?

　공연히 화가 나고, 괜히 시비 걸고 싶어진다면 어쩌면 너에게 사춘기가 다가왔는지도 몰라. 사춘기란 뭘까? 보통 10살 정도에 시작해서 대학생이 될 때까지 몸과 마음의 변화가 지속되는 시기를 사춘기라고 해. 너희 몸의 호르몬이 변화해서 몸과 마음에도 변화가 찾아오는 거지. 그런데 이 변화는 반갑고 즐겁기보다는 우리를 혼란스럽고 당황하게 만들어. 이제 난 어린이가 아닌 것 같은데 아직도 우리 엄마, 아빠는 나를 어린아이로만 대하고, 주변 사람들도 마찬가지라 매우 맘에 안 들지. 엄마, 아빠도 사춘기를 겪었을 텐데, 왜 그렇게 지금의 내 마음은 몰라주는지. 정말 답답하고 원망스럽기까지 하다니깐?

 우리 지금, 이런 고민에 빠지는 게 정상이야!

그런데 말이야. 사춘기 때는 고민이 없는 게 비정상이란다. 미래가 무섭고 두려워지기도 하지. 주변 환경은 전부 마음에 들지 않고, 뜻대로 해내지 못하는 자신이 싫어서 답답하고 힘들어.

이럴 때는 너를 위해 마음의 돌파구와 휴식처가 필요하단다. 답답한 생활 속에서 청량제 같은 무언가가 꼭 필요해. 음악, 책 읽기, 운동, 친구와의 대화가 중요한 역할을 할 거야.

사춘기 무렵에는 우리 친구들이 아이돌 가수나 게임에 빠져드는 경우가 매우 많아. 대부분의 친구들이 사춘기의 고민을 이런 걸로 달래기 때문이지. 선생님은 절대 이러한 것을 하지 말라고는 안 해. 하지만 그 활동이 나의 성장에 도움 되는지는 꼭 생각해 봤으면 해. 우리 친구들이 스트레스, 비만, 게임 중독 같은 위험에서 자신을 잘 지켜 나가야 한다는 걸 꼭 기억하길 바라고. 그래야만 자신이 원하는 멋진 모습으로 잘 성장할 수 있게 된단다.

 사춘기인 우리, 한 가지만 명심하자!

사춘기가 되면 뇌의 판단력이 흐려질 수 있단다. 부모의 말이 곱게 들리지 않고 절대 굴복하고 싶지 않은 마음도 들어. 순간의 충동도 많아지고, 왠지 일탈하는 행동이 더 멋있게 느껴지기도 해.

하지만 이럴 때가 위험한 순간이란 걸 알아야만 해. 순간의 선택이 평생을 좌우할 만큼 치명적인 결과를 가져 오기도 하니까. 만약 선택이 고민될 때는 심호흡을 하고 곰곰이 생각해 보자. 내가 정말 원하는 게 뭐지? 이것이 나에게 최선의 방법일까?

마음이 힘들다면 글로 남기는 것도 좋은 방법이야. 일주일이 지나서 그 글을 다시 읽으면 자신의 생각을 잘 판단할 수 있거든. 평소 존경하는 사람에게 문자나 전화로 의논하는 건 더 좋은 방법이란다.

현명한 선택을 하고 싶을 때는 바로 이 기준을 생각해 보렴!

① 기분이 좋다. ② 유용하다. ③ 나의 욕구를 잘 채운다.
④ 다른 사람의 욕구를 방해하지 않는다. ⑤ 파괴적이지 않다.
⑥ 항상 발전을 향하는 변화를 추구한다.

내 마음을 몰라주는 우리 부모, 왜 그럴까?

부모님들은 왜 우리 친구의 마음을 몰라주는 걸까? 사실 부모님들도 우리 어린이 친구들에게 사춘기가 올 거라는 걸 알지만, 마음으로는 전혀 준비가 되어 있지 않단다. 아직도 마냥 아이 같다는 생각에, 어린이 친구들의 싱숭생숭한 마음과 행동을 봐도 사춘기라고 생각하지 못하시지.

그래서 어린이 친구가 방문을 쾅 닫고 들어가거나 엄마, 아빠 말에 토를 달고 따지기 시작하면 부모님들은 매우 견디기 힘들어 해. '어떻게 우리 아이가 나한테 저럴 수가 있지.' 하는 생각으로 어쩔 줄을 몰라 하시지. 그럴 때 부모님들은 슬픔, 외로움, 허

전함, 원망, 좌절감, 답답함 등 말로 표현하기 어려운 감정에 휩싸이게 돼. 부모님도 이런 감정에 힘들어한다니 한편으로는 놀랍기도 하지? 하지만 말이야. 어린이 친구들에게 사춘기가 처음이듯, 부모님에게도 사춘기 자녀가 처음이란다. 부모님이 우리 친구들을 대하는 게 서툴고 어색한 이유, 조금은 이해해 줄 수 있겠니?

 부모님과 갈등이 생겼어요! 어떻게 하죠?

부모님이 너무 마음에 안 들고, 나랑은 하나도 맞지 않는 것 같니? 그저 답답하고 속상한 마음에 생각만 해도 속이 터져 버릴 것 같으면 이제는 자신의 마음을 꼭 말해야만 할 때야. 부모님과 더 큰 갈등과 사건이 생기기 전에 미리 내 마음을 말하는 거지. 이렇게 말이야.

"엄마, 제가 고민이 많아요. 공부를 안 하고 싶은 게 아니에요. 왜 해야 하는지, 어떻게 해야 하는지 잘 모르겠어요. 제가 혼사 고민하고 생각을 정리할 시간이 필요해요. 공부를 안 할까 봐 걱정하시는 것도 알아요. 하지만 저 스스로 깨닫지 않으면 소용없을 것 같아요.

저는 엉뚱한 짓을 하거나 나쁜 쪽으로 빠지지 않을 거예요. 만일 그런 걸 걱정하신다면 그건 엄마, 아빠가 저를 잘 모르시는 거예요. 전 다만, 제가 어떤 사람인지 알고 싶어요. 제가 저 자신을 좋아했으면 좋겠어요. 지금 이런 생각도 안 하고 그냥 엄마, 아빠의 말씀만 따라가다간 제 자신이 너무 싫어질 것 같아요. 제가 좀 건방진 행동을 한다 해도 엄마 아빠를 사랑하지 않는 게 아니에요. 엄마, 아빠를 늘 사랑해요. 제 진심이에요."

엄마 아빠의 잔소리를 피하고 싶니? 그렇다면 내가 지킬 수 있는 약속을 하고 그 약속을 지키면 된단다. 예를 들어, 게임을 한 시간 하겠다고 했으면 한 시간만 하고 알아서 멈추는 거지. 부모님은 우리 친구의 행동을 잘 이해하셔. 부모님도 우리 친구가 자기 말을 잘 지키는 아이인 걸 알고, 믿으며 얼마든지 기다려 주실 거야.

물론 그래도 부모님이 잔소리를 한두 마디 더 하실 수도 있어. 그럴 때는 이렇게 말해 보렴.

"제가 말한 건 지키잖아요. 그러니 부모님도 그렇게 해 주세요."

분명히 부모님의 행동도 달라질 거란다. 어떤 갈등 앞에서도 내 속마음을 상대방에게 솔직하고 차분하게 전달하려는 노력이 중요해. 부모님과의 갈등도 마찬가지란다. 내 진심을 부모님께 잘 전하고, 해결 방법을 함께 의논하는 자세만 있다면 문제는 곧 해결될 거야.

 부모님의 속마음, 그리고 사춘기에 관한 재미난 글들은 아동청소년 심리치료사이 이임숙 선생님께서 써 주셨습니다.

재미와 감동으로 몸과 마음을 건강하게 성장시키는
팜파스 어린이 동화

팜파스어린이 01
다문화 친구 민이가 뿔났다
함께해서 더 즐거워지는 다문화 친구 이야기

한화주 지음 | 안경희 그림

"피부색이 달라도 우린 소중한 친구야!"
이제는 익숙해진 다문화 가정 이야기,
다문화 가정 2세가 학교 갈 나이가 되었다!

팜파스어린이 05
우씨! 욱하고 화나는 걸 어떡해!!
아이의 분노 조절과 자기 관리,
사회성을 길러 주는 놀라운 감정 표현의 힘!

한현주 지음 | 최해영 그림

"오늘도 나는 불끈 화가 난다!!"
'화'란 껍질 속에 꽁꽁 숨어 있는
너의 진짜 마음을 보자!!

팜파스어린이 02
누가 내 방 좀 치워 줘!
집중력과 선택 능력, 실행력을 길러 주는
놀라운 스스로 정리의 힘!

장보람 지음 | 안경희 그림

"지금 정리해 놓으면
내일이 더 재미있고 즐거워져!!"
가방 정리부터 시작해 공책, 방, 교실까지!
무궁무진하게 확장되는 정리비법 대 공개!!

팜파스어린이 06
나 남자 친구 사귀어도 돼?
이해, 존중과 배려를 배우는
어린이 이성 친구 이야기!

한예찬 지음 | 양아연 그림

"두근두근,
콩닥콩닥 뛰는 이 마음은 뭘까?"
존중과 배려, 자기관리능력을 일깨워 주는
초등 이성 친구 가이드라인!

팜파스어린이 03
생각도둑, 시간도둑, 친구도둑, 공부도둑
스마트폰이 먹어 치운 하루!
스마트폰을 슬기롭게 사용하도록
이끌어 주는 생각 동화

서영선 지음 | 박연옥 그림

"심심하면 톡톡, 지루하면 터치!!
하루 온종일 스마트폰!!"
이제는 스마트폰 터치 말고
내 옆 친구의 눈을 보고 이야기해 보아요!!

팜파스어린이 07
내 보물 1호는 화장품
화장하면 왜 안 돼?
아이답게 예뻐지는 법을 배우는 동화

김경선 지음 | 안경희 그림

"화장하면 금세 예뻐질 수 있는데
왜 안 된다고 해?"
이성과 외모에 부쩍 관심이 많아지는 사춘기,
화장을 안 해도 예뻐질 수 있어!

팜파스어린이 04
말과 글에도 주인이 있어요!
더불어 살고, 존중하는 사회를 만드는
아이로 성장시키는 놀라운 저작권 교육의 힘!

장보람 지음 | 최해영 그림

"뜻도, 말도 어려운 저작권!
근데 저작권이 왜 중요해?!"
우리 생활 곳곳에서 일어나는
어마어마한 저작권의 힘!